人才培养助力区域经济可持续发展

沈敏敏 ◎著

中国书籍出版社
China Book Press

图书在版编目（CIP）数据

人才培养助力区域经济可持续发展 / 沈敏敏著.
北京：中国书籍出版社, 2024. 11. -- ISBN 978-7
-5241-0008-9
Ⅰ. F127
中国国家版本馆 CIP 数据核字第 2024JZ1797 号

人才培养助力区域经济可持续发展

沈敏敏　著

图书策划	邹　浩
责任编辑	李　新
责任印制	孙马飞　马　芝
封面设计	博健时代
出版发行	中国书籍出版社
地　　址	北京市丰台区三路居路 97 号（邮编：100073）
电　　话	（010）52257143（总编室）　　（010）52257140（发行部）
电子邮箱	eo@chinabp.com.cn
经　　销	全国新华书店
印　　厂	廊坊市博林印务有限公司
开　　本	710毫米×1000毫米　1/16
印　　张	12.5
字　　数	206千字
版　　次	2025 年 4 月第 1 版
印　　次	2025 年 4 月第 1 次印刷
书　　号	ISBN 978-7-5241-0008-9
定　　价	78.00元

版权所有　翻印必究

前 言

Introduction

在当今全球经济一体化日益加深与区域竞争愈发激烈的时代背景下，人才培养已经跃升至前所未有的战略高度，成为驱动区域经济实现可持续发展的核心引擎与关键变量。随着科技的日新月异，尤其是人工智能、大数据、云计算等前沿技术的飞速发展，以及全球范围内产业结构的不断迭代升级，区域经济的增长模式正经历着一场深刻而广泛的变革。这一变革不仅要求经济体系具备更高的创新能力和灵活性，更对人才素质提出了全新的挑战与要求。高素质、专业化人才，作为知识创新和技术进步的主要载体，其数量与质量直接关乎区域经济的核心竞争力。因此，各地区纷纷加大人才培养与引进力度，通过构建多元化的人才培养体系、优化教育资源配置、加强产学研用深度融合等举措，努力培养出一批既懂技术又懂市场，既能创新又能实践的复合型人才。同时，注重营造良好的创新创业生态环境，激发人才的创造活力与潜能，为区域经济转型升级提供源源不断的智力支持和人才保障。在这一进程中，人才培养不仅是区域经济发展的重要支撑，更是推动其实现高质量发展的核心驱动力。

本书内容全面，首先从区域经济发展的基础理论出发，明确区域与区域经济的概念界定，梳理区域经济增长与发展的理论脉络，进而分析人才培养在区域经济中的角色与影响。其次通过深入剖析区域产业结构与人才培养的互动关系，特别是高职教育、产教融合、校企合作等模式在人才培养中的应用，揭示人才培养如何精准对接区域产业需求，促进产业结构优化升级。

本书不仅为教育工作者、企业界人士及社会各界关注区域经济发展的人士提供了宝贵的参考，还通过构建应用型与创新型人才培养体系，为区域经济注入源源不断的动力。但是，笔者深知，本书的研究尚存诸多不足，期待读者批评指正，共同推动这一领域研究的深入与发展。

目 录

Contents

第一章　区域经济发展概论 / 1

　　第一节　区域与区域经济的界定 / 1

　　第二节　区域经济增长与发展理论 / 3

　　第三节　人才培养与区域经济的关系 / 32

第二章　区域产业结构与人才培养 / 35

　　第一节　区域产业结构的基本认识 / 35

　　第二节　区域产业结构的演变与优化 / 42

　　第三节　高职教育与区域产业结构的互动 / 47

　　第四节　基于产教融合与校企合作的人才培养 / 53

第三章　助推区域经济增长的应用型人才培养 / 71

　　第一节　应用型人才培养的理论内涵与目标定位 / 71

　　第二节　应用型人才培养与区域经济的联动发展 / 82

　　第三节　面向区域经济发展的应用型人才培养模式 / 92

　　第四节　面向区域经济发展的应用型高技能人才培养 / 97

第四章 引领区域经济可持续发展的创新人才培养 / 103

第一节 创新人才培养与区域经济发展的相互作用 / 103
第二节 基于区域经济发展的创新人才培养模式构建 / 110
第三节 基于区域产业转型升级的创新人才培养研究 / 125

第五章 促进区域经济可持续发展的人才高地建设 / 129

第一节 区域人才高地的理论框架及内涵 / 129
第二节 高端人才产业集群推动区域经济发展 / 134
第三节 区域人才高地建设管理与可持续发展 / 141
第四节 人才资源开发助力区域经济持续增长 / 164

第六章 人才培养助力区域经济可持续发展的实践案例 / 175

第一节 助力区域经济可持续发展的物流人才培养 / 175
第二节 助力区域经济可持续发展的电商人才培养 / 178
第三节 助力区域经济可持续发展的商务英语人才培养 / 181
第四节 助力区域经济可持续发展的复合型会计人才培养 / 183

参考文献 / 189

第一章 区域经济发展概论

第一节 区域与区域经济的界定

一、区域的内涵界定

不同的学科对区域的含义有着不同的解读：地理学把区域定义为地球表壳的地域单元，是按地球表面自然地理特征划分的，并且具有可重叠性和不遗漏性；政治学将区域看作是国家管理的行政单元，并且具有可量性和层次性；社会学视区域为具有相同语言、相同信仰和民族特征的人类社会聚落，按语言、信仰、民族特征来划分。

经济学中关于区域的概念没有统一的定义，有代表性的说法有：①区域是基于描述、分析、管理、计划或制定政策等目的而作为一个应用性整体加以考虑的一片地区。它可以按照内部的同质性或功能一体化原则划分。②"经济区域（区域）是指一国范围内在经济上具有同质性或内聚性、具有一定的共同利益，经济结构较为完整且在全国专业化分工中分担一定职能的地域空间"[①]。③所谓区域，应该是这样的一种经济区域，即它是人的经济活动所造就的、具有特定的地域构成要素的不可无限分割的经济社会综合体。

经济学的区域概念的基本内涵具体如下：

第一，区域是一个空间的概念，同时也是有限的空间范围。人类的所有经济活动，不管它的发展处于何种阶段，不管是物质生产还是非物质的信息生产，最终都要落实在一定的区域空间。不同的只是坐落的方式和坐落的地点。从空间角度研究经济现象，正是区域经济学区别于其他经济学学科的根本所在。

第二，区域必须包括于某一主权国家的疆域内（有时可能相等），中央政府

[①] 吴传清. 区域经济学原理[M]. 武汉：武汉大学出版社，2008：4.

对它拥有政治、经济方面的控制权，各级政府为该地区经济发展提供公共产品，通过各种经济政策来引导该区域的经济活动。正因为这样，区域间会存在政策上的差异性，而在区域内又具有政策上的一致性。

第三，区域在经济上尽可能是一个完整的地区。这种完整，是指区域能够独立生存和发展，具有完整的经济结构，能够独立地组织与其他区域的经济联系。为此，区域不但要有三次产业组成的经济循环系统，还应当有一个能够组织和协调区域经济活动的中心城市存在，作为区域经济的核心。

第四，任一区域在全国或更高级的区域系统中担当某种专业化分工的职能。不同地区资源禀赋不同，发展水平也有差异。这种区内的同质性与区间的差异性，表现为一种区际之间的分工与专业化。这样，不同区域间以分工与专业化为基础结成密切经济联系，就构成了一国的国民经济体系。

二、区域经济的界定

"区域经济是特定区域的经济活动和经济关系的总和"[①]。如果我们把全国的国民经济看作是一个整体，那么区域经济就是这个整体的一部分，是国民经济整体不断分解为它的局部的结果。我们把国家宏观经济管理职能下按照地域范围划分的经济实体及其运行，都看作是区域经济的运行。区域经济具有以下鲜明特性：

第一，中观性。区域经济是一种承上启下，并具有区域自身特点的中间性、非均衡性经济，是一种介于宏观经济（国民经济）和微观经济（企业经济）之间的中观性经济。

第二，区域性。一国国民经济的发展，不论是农业、工业的发展还是服务业的发展，都要落实到一定的区域，并受该区域的自然条件、社会经济条件的影响。各区域的不同特点和区域客观情况使区域经济呈现出强烈的区域性特点。区域性是区域经济最基本、最显著的特征。

第三，差异性。不同区域所具有的经济发展要素条件，如地理位置、自然资源与自然条件、社会经济条件等总是各不相同。这种差异性实质上反映了各区域经济的优势和劣势，也是决定区域经济发展不平衡的一个重要因素。

第四，开放性。一方面，与国家经济相比，区域经济一般在社会制度、经济

---

① 孙久文. 区域经济学 [M]. 北京：中国人民大学出版社，2006：3.

体制、经济运行规则和币制等方面是一致的，没有国家之间常有的关税、进口配额、移民限制等人为障碍，因而具有更大的开放性。另一方面，区域经济是一种充分承认并利用不同区域所具有的各种经济要素及其程度上的差异，注重区域间经济交往的开放式经济。区域经济还具有不断强化自身输出、输入功能和扩张功能的作用，推动生产要素流向更高层次发展，进而促进不同区域经济相互补充，协调发展。

第五，独立性。区域经济是一个相对独立而内部又有着密切联系的有机系统，区域经济活动具有一定的自组织特点。尽管任何区域的经济发展战略都必须受制于整体国民经济的发展战略，并为国民经济发展战略服务，但也必须注重能动地发挥本区域优势，扬长避短，也必须为谋求本区域社会经济发展和居民福利服务。

第二节 区域经济增长与发展理论

一、区域经济增长与区域经济发展

（一）区域经济增长

"区域经济增长是指一个区域生产的产品和劳务总量不断增加的过程"[1]。区域经济增长实质上是指区域经济总量的增长，表现为一系列经济指标值的增加，如国内生产总值、人均国内生产总值、人口规模等。区域经济增长的速度通常用国内生产总值年增长率来表示。

增长一词源于英文growth，意即长大、增加、增多、扩大、提高等，它具有三个特性：①增长仅指经济总量的增加，即国民生产总值的增大。而总值的增大不一定意味着某个产业部门产值的同步提高，或某项经济指标的上升。②增长是一个长期的变动过程，是一个地区经济总量的攀升过程。在这个过程中，经济增长并不一定都呈正值，即有时会出现负增长。但区域经济变动过程的总体趋势只能有一个，即经济总量的不断增加。③增长既是区域经济发展的基础和前提，又

---

[1] 丁生喜.区域经济学通论[M].北京：中国经济出版社，2018：56.

是区域经济发展的必然结果。与增长相伴出现的，是人均收入水平的提高，人口的向心迁移和城市人口的增多，以及就业规模的扩大。

1. 区域经济增长因素的类型划分

综合古典经济增长理论和现代经济增长理论的不同流派，区域经济增长的影响因素可以归结为区域的自然条件和自然资源、区域经济基础、区域产业结构和空间配置、区域市场容量和开发程度、区域资金总量和流动渠道、区域对外界的开放特征、区域间的相互作用、区域教育和科研水平、民俗和消费习惯等。从不同的角度出发，采用不同的标准，可以把区域经济增长因素分为不同的类型。

根据影响的来源和作用方式不同，可以将区域经济增长因素分为内部因素和外部因素，内部因素产生于区域的内部，包括生产要素的供给、消费和投资需求等因素；而外部因素则来源于区域的外部，包括区际要素流动、区际商品贸易、区域产业结构与产业布局，以及国家区域政策等方面。前者反映了区域经济增长的潜力和自我发展能力，后者则反映了外部环境条件对区域经济增长的影响。区域经济增长主要影响因素如图1-1所示。

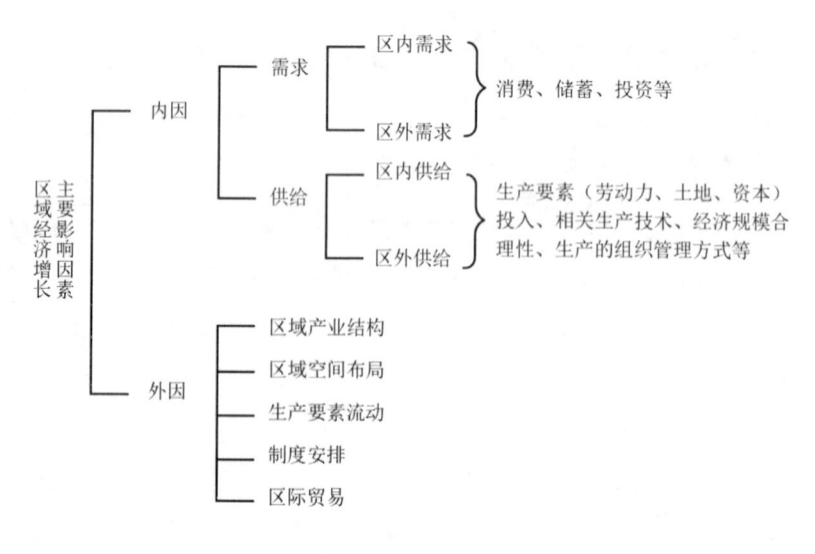

```
                    ┌─ 需求 ┬─ 区内需求 ┐
                    │       │           ├─ 消费、储蓄、投资等
            ┌─ 内因 ┤       └─ 区外需求 ┘
            │       │       ┌─ 区内供给 ┐  生产要素（劳动力、土地、资本）
            │       └─ 供给 ┤           ├─ 投入、相关生产技术、经济规模合
区域经济     │               └─ 区外供给 ┘  理性、生产的组织管理方式等
主要影响 ──┤
因素         │       ┌─ 区域产业结构
            │       ├─ 区域空间布局
            └─ 外因 ┼─ 生产要素流动
                    ├─ 制度安排
                    └─ 区际贸易
```

图1-1 区域经济增长主要影响因素

2. 区域经济增长的内部因素分析

区域经济活动得以正常运转，一要有供给，如土地、资源、资金、劳力、技术、设备等生产要素的供给投入；二要有需求，即对产出的物质、非物质产品和

服务有消费需求。需求对区域经济增长具有一种拉力，而供给对区域经济增长又产生一种推力，在需求拉动和供给驱动的双重作用下，区域经济才得以启动并逐渐增长和发展起来。因此，需求和供给是启动区域经济增长的原动力，是区域经济发展的内在因素，对区域经济增长和发展起着决定性作用。

（1）需求。需求因素又可分为外部需求和内部需求两类。外部需求是指某个区域空间范围以外的市场对该区域所生产的某种产品和服务的需求。为满足这种需求，该区域需要扩大生产规模，出口或输出市场需要的产品和服务，从而为本区挣得收入，带动区域经济快速发展。因此，许多经济学家普遍认为，外部需求是区域经济增长的主导力量和决定性因素。内部需求是指某个区域自身市场对本区的产品和服务的需求。外部需求表现为区际贸易，内部需求表现为区内贸易。传统观点认为，与外部需求相比较，内部需求对区域经济增长的拉动作用要小得多。

区域的需求能力取决于投资和消费水平。消费，是对现有产品和服务的需求，它可直接带动区域经济增长和发展。投资，无论是投资质量，还是投资数量，都直接关系着国家和区域经济的增长，是决定总需求的关键因素。要扩大投资，就必须要有丰富的金融资本。而储蓄是投资资金的重要来源之一，只有当储蓄转化为生产性投资，才能刺激区域经济增长。消费实际上是对当前资源的利用和消耗，而投资（储蓄）虽然抑制了当前的消费，却能在可预期的未来创造更高水平的消费。因此，要实现区域经济增长，就必须将一部分消费转化为储蓄，进而转化为投资。

（2）供给。区域生产过程中所需的生产要素由本区提供称为区内供给，反之，若某一区域生产过程中所需的生产要素由区外提供，则称为区外供给。无论是区内供给还是区外供给，都可以给区域经济带来发展机遇，推动区域经济快速增长，很难判断区内供给和区外供给对区域经济发展的促进作用孰大孰小。区内和区外供给的生产要素分别通过区内贸易和区际贸易、劳力迁移以及资金流动等来实现，但各种生产要素对于区域经济增长的影响和作用是不同的。

第一，自然条件和自然资源对区域经济增长的影响。

一是，自然条件与自然资源是区域经济形成与发展的自然物质基础。联合国环境规划署将自然资源定义为：在一定的时间、地点条件下，能够产生经济价值，以提高人类当前和未来福利的自然环境因素和条件。生产力由劳动力、生产工具和劳动对象三个部分组成,其中生产工具和劳动对象两个因素直接或间接地与自然条件和自然资源有关。因此,自然资源是区域生产力的重要组成部分。随着生产力的发展和科学技术的进步,自然资源开发的广度和深度不断扩展,自然资源的范畴也不断扩大。

二是,自然资源状况和丰裕程度影响区域经济发展战略定位和战略重点选择。气候状况直接决定农林牧渔业发展的比例、重点和生产效率;地形地貌、人口密度决定了交通运输业及城镇的布局;自然资源禀赋直接影响各地区工业投资的重点和投资比例,并在很大程度上决定了各地区经济发展的水平和方向。在自然资源丰裕的区域,对资源的开发利用可能成为区域发展战略的重点选择。同时,自然资源禀赋差异制约着区域的生产活动,进而影响区域的社会劳动分工。

三是,自然资源的质量和数量影响区域的产业结构调整。一个地区自然资源状况对该区域产业结构起着重要的甚至是决定性的作用。区域内自然资源种类多,围绕不同的自然资源进行生产和深度开发的产业群就多。相反,区域自然资源数量越少,对区域规模经济发展和产业结构调整的制约就越大。根据资源对地区经济的影响程度不同,可将地区经济结构分为资源型、资源加工型和加工型三种类型。资源型经济结构是指区域自然资源赋存状况良好,资源的地域组合状况较为理想,自然资源对区域专业化部门的形成和发展起决定作用,区域向外输出的是直接的采掘工业产品、农产品或资源含量较高的材料工业产品和重化工产品。资源加工型经济结构是指区域内具有部分资源,资源组合不理想,部分重要资源仍然需要区外输入。加工型经济结构是指区域缺乏发展经济所需的自然资源,农矿产品、能源主要依赖区外输入,通过不同层次的加工和再加工向外输出制成品。自然资源数量和质量不但影响自然资源开发的效益,而且也是决定区域产业发展的方向和内容,以及选择区域发展模式的依据之一。

四是,自然资源的可持续利用状况决定着社会经济的持续发展。自然资源的开发对社会经济发展作出了不可替代的贡献,自然资源禀赋是社会经济可持续发展的基础和条件。但是自然资源的开发利用不仅仅是资源的保护和利用问题,更是环境问题,关系到人类的生存和发展。如果对自然资源开发利用不当,它将在一定程度上对环境和生态造成不可逆转的破坏作用,对经济、社会可持续发展造成不利影响。

第二,劳动力资源对区域经济增长的影响。劳动力资源是指区域内的人口总体所具有的劳动能力的总和，是存在于人的生命机体中的一种经济资源。研究区域内劳动力资源对经济增长产生的影响必须从数量和质量两方面来考虑。

一是，劳动力数量对区域经济增长的作用。劳动力投入的增加，可以提高区域经济的产出水平。在一定的技术条件下投入经济活动的劳动力越多，能够推动的生产资料也就越多，所生产的产品就越多，经济增长就越快。

劳动力数量影响要素投入的结构。在劳动力资源丰富的区域，为了充分利用劳动力数量多的优势，一般选择劳动密集型产业，这样可以最大限度地避免资金的约束，而使区域经济获得稳定增长；而在劳动力资源较为短缺、资金较为充裕的区域，则宜采用资本密集型产业，使生产要素得到最合理的配置。

二是，劳动力素质与经济增长。劳动力素质指的是劳动者具有的体质、智力、知识和技能的总和。

劳动力素质的提高将会导致一个区域产出的增加。从体质上讲，劳动力充沛的精力和健壮的身体使其在劳动过程中能增加实际的劳动供给，同时，健康的身体能减少劳动者的生病时间，增加有效劳动时间。从智力方面来讲，劳动者创新能力的提高使得劳动者能从事发明、创造，寻求解决生产过程中所出现问题的思路和方法，从而在劳动量投入不变的情况下增加产出量；知识水平的提高，使劳动者可以较快地接受新工艺、新操作方法，适应新技术、新设备，并能将发明和引进的新技术尽快和生产相结合，转化为生产力，从而增加产出。

劳动力素质的提高，将提高劳动生产率。假如劳动力投入数量不变，由于劳动力素质的提高使得经济增长中实际劳动投入增加，经济就会在节约资本和更多地利用劳动力的情况下获得增长。随着科学技术的进步，经济发展对劳动力的科学、技术、文化素质的要求越来越高。一个区域只有具备高素质的劳动力条件，才能大力发展技术密集型产业，优化产业结构，提升区域竞争力。

第三，资本对区域经济增长的影响。从类型上看，一般把资本分为物质资本、人力资本和金融资本。物质资本指的是长期存在的生产物质形式，包括机器、设备、厂房、交通运输设施等，这里讲的资本即物质资本。资本是经济增长的重要因素之一，在古典经济增长理论中已提出经济增长与资本积累成正比例关系，资本积累的大小是经济增长率高低的关键。

经济学家罗斯托在他著名的经济发展阶段理论中，深入分析了实现经济"起飞"的条件，其中资本积累率达到10%以上是最基本的先决条件。就我国的实践来看，经济增长速度快的区域，其资本的推动的确起着重要作用。

第四，技术变化对区域经济增长的影响。随着社会经济的不断发展，科学技术对社会经济发展的作用越来越大，技术进步对经济增长的贡献远远超过资本和劳动力投入量增加的贡献，成为经济增长的主要动力和源泉。技术变化对经济增长的影响主要表现在以下方面：

一是，不同的技术决定了各种要素在经济活动中的结合方式。资本、劳动和自然资源在经济活动中总要按一定比例，以某种具体形式结合在一起才能形成现实的生产。而各种生产要素结合的比例，从根本上来讲是由技术决定的。一般而言，技术进步能使其他要素得到节约，而降低劳动时间和劳动强度是技术进步的最终目的。然而，就不同区域来讲，由于要素禀赋的差别，技术进步对各种要素投入结构的变化也是不同的。对于劳动稀缺的区域，宜采用"节约劳动型技术"；对于资本稀缺的区域，宜采用"节约资本型技术"；而对于自然资源稀缺的区域，则应采用"节约资源型技术"。科学技术的应用与推广可以缓解经济发展对有形资源的依赖，改变经济增长方式，促进经济可持续发展。

二是，技术进步不断改变劳动手段和劳动对象。劳动手段，主要表现为生产工具，尤其是机器设备。一般而言，技术的重大变化主要体现在机器设备等劳动手段的变化上。大机器代替人工劳动，自动化机器代替人工操作机器，这种变化都是技术进步的结果，而且能提高产出的水平。技术进步对劳动对象的影响主要表现在两个方面：一方面是通过改变材料的物理或化学属性，导致新材料的出现；另一方面是为人类寻找新的矿产资源提供手段。科学技术进步加深了对资源的开发利用程度和效率，扩大了资源的利用范围，降低了资源的有限性和稀缺性对社会经济发展所造成的瓶颈制约。

三是，技术进步能促进劳动力质量提高。人类社会的一切技术进步都是劳动力质量不断改善的结果，反过来，技术进步又会促进劳动力质量的提高。这是因为：①较先进的技术要求劳动者具有较高的素质，这就迫使劳动者接受更多的教育和不断进行技术培训；②技术的现代化往往与分工的深化相联系，因而能使劳动者在专门化的劳动中提高技能；③技术进步导致劳动时间的节约，从而为提高劳动者的精神素质和体力创造了条件。

四是，技术进步促进产业结构变化。区域产业结构的变化趋势为，生产要素不断地由第一产业向第二产业转移，再由第二产业向第三产业转移。引起产业结构变动的原因，有要素禀赋的变动，人们消费偏好的变化，区域输出和输入商品结构的变化等，但最根本的原因还在于技术的进步。

技术与自然资源、劳动、资本的表现形式有很大不同。从投入角度来讲，技术是通过改变其他要素的形态和质量来实现自身价值的，无法从其他要素中分离出来。从产出角度来看，一般是用产出增长减去其他要素的投入增长来表现技术进步对经济增长贡献的。

（3）影响区域供给能力的因素。从以上分析可知，要素供给对于区域经济增长具有重要作用，如果没有充足的要素供给，区域将无法组织生产活动。影响区域供给能力的因素包括四个方面：第一，可获得的生产要素投入量及其生产过程；第二，与生产要素相关的生产技术；第三，生产过程中经济规模的合理性，包括内部规模经济和外部规模经济的实现；第四，生产的组织管理方式，大规模专业化的生产组织形式出现，以及通信技术和专家服务、社会化服务业的持续发展，将提高生产的管理效率和产出能力，从而增加区域内供给能力。

需要指出的是，供给本身对区域经济增长的驱动是不明确的。如某地煤炭资源丰富，以这种资源为基础设计生产链是不唯一的，它既可以输出原煤，又可以燃煤发电，向外区输电，还可用煤为原料和燃料，发展煤化工、有色冶金等工业。因此，在分析区域经济发展问题时，必须紧密结合市场需求变化，综合考虑供给和需求，以及复杂的外在因素影响，然后才能作出决策。

3. 区域经济增长的外部因素分析

（1）结构变化与区域经济增长。区域产业结构优化配置及产业组织结构优化、空间结构的合理有序等，都是促进区域资源优化配置的重要途径，是促进区域经济增长的重要因素，影响区域经济的稳定增长。

伴随着区域经济增长，产业结构必将发生变化，产业结构变动是资本寻求利益最大化的结果。而资本收益的增加，意味着在资本投入量既定的情况下增加了产出，所以产业结构变动能够促进经济增长。产业结构的变动会引起就业结构的变化，劳动力向收入更高的产业转移，这也说明在就业总量不变的情况下，就业结构的变化能提高全社会的劳动生产率。同时，就业结构的变化将有助于提高劳动力的素质，进而会促进经济增长。

此外，伴随着经济发展，区域内外企业的组织结构将发生变化，各产业内部将形成以一个或几个大型企业集团为主体和其他中小企业联系密切的组织形式，获得规模经济效益和集聚经济效益，促进区域经济的增长。

（2）空间布局与区域经济增长。由于各地区自然条件和自然资源禀赋存在很大差异，在规模经济和集聚经济机制影响下，区域经济的空间分布不是均匀的，产业和人口在一些极点、轴线上高度聚集，而在广大腹地则十分稀疏。集聚合理、疏密有致的空间结构，可以取得较大的集聚经济效益，对区域经济增长产生积极的推动作用。相反，过分强调空间匀质布局，则不能取得相应的集聚经济效益，区域经济发展进程缓慢；而过度集聚又会使大城市地区过度膨胀，造成集聚不经济，从而延缓或阻碍区域经济的增长和发展。

（3）制度安排与区域经济增长。

第一，政府通过制定区域经济政策，影响各区域的经济增长。区域经济政策属于制度范畴。政府制定区域经济政策的目的，要么是公平，要么是效率。一般而言，当经济发展处于工业化初期阶段，区域经济政策的目的就是要提高整个资源的利用效率。通过区域经济政策，促使国外和落后地区的生产要素流入发达地区，从而提高要素利用效率，但也使得区域间的经济发展差距进一步扩大。当经济发展水平处于较高阶段后，公平就成为政府制定区域经济政策的主要目标。通过区域经济政策，促使生产要素发生逆向流动，即要素从发达地区流向相对落后的区域，改变落后地区的要素组合特征，增加有效要素的供给，从而推动经济的加速增长。

第二，制度创新能力的差异，影响区域的经济增长。制度是一个涵盖范围很广的范畴，不仅包括体制、政策和法规，而且还包括道德、伦理、观念和习惯等。由于不同区域的道德、伦理和观念的差异，各区域的经济人在对政策法规的理解、适应和应用方面就会出现差别，因而造成区域制度创新能力的不同。

政府通过正式制度安排（体制、政策、法规、组织、规划）可改变区域的要素供给特征和要素配置效率，影响区域经济增长速度。区域非正式制度安排（道德、伦理、观念、风俗习惯或文化传统、企业家精神）的差异引致区域制度创新能力的差异，进而影响区域经济增长速度和质量。

第三，制度变迁影响区域经济增长。制度变迁是指制度诸要素或结构随时间推移和环境变化而发生的改变，是制度的替代、转换和交易过程。制度变迁对经济增长和经济效率有重大影响：①通过改变制度安排的激励机制，改变制度安排的效率，从而影响区域经济发展的速度与质量。②制度变迁可以通过降低交易费用、减少交易风险和优化交易行为来提高区域的产出增长率。③制度变迁将改变贸易和专业化的范围，使组织经济活动的途径和方式发生改变，从而影响区域经济发展的广度和深度。④制度变迁扩大了允许人们寻求并抓住经济机会的自由程度，促进区域经济增长。⑤对于同一个制度安排，不同区域初始条件的差异将使得各区域实施这一制度安排的成本和收益有所不同。⑥区域经济增长会影响制度安排的效率，使原有制度不相适宜，进而产生制度变迁的必要性。

（4）生产要素流动影响区域经济增长。要素流动对区域经济发展有着重要的作用，归纳起来主要有五个方面：

第一，区域要素的流动产生组合效应。各种经济活动在空间中是分散的，要素流动使它们组合为一个整体，通过迁移、流动、交换等作用过程，分散的人群和活动便被吸收和组织在一个统一的系统中，从而使经济社会逐渐秩序化。

第二，区域要素流动使得具有比较优势的要素可以超越本地的市场，以广大的区际市场为对象从事生产。而市场的扩大又促使企业分工，进一步促进区域内部的分化，强化劳动地域分工，提高劳动生产率，促进区域经济发展。

第三，通过要素的自由流动，利用本区的比较优势与其他地区的交换，得到本地区缺乏的资源。同时，要素的流动意味着竞争机制的引进，适度的竞争使企业致力于不断改善其产品的质量，降低产品价格，使得资源得到最有效的配置。

第四，区域要素的流动表明各地区的相对优势是可以改变的，今天所具有的优势明天也许就会丧失，各地区都有机会根据资源变化情况，在不同的方面强化、发展各自的相对优势，形成区域特色经济。

第五，生产要素流动可以在一定程度上改变一个地区的要素禀赋状况。生产要素长期的、充分的流动，尤其是资本和劳动力的跨区域流动，密切了一国之内各区域之间的贸易联系和经济合作关系，增强了各要素间的互补性，使要素得到最优配置，促进各区域的要素利用效率并提高实际收入水平，从而为区域经济一体化的实现提供了条件。

（5）区际贸易与区域经济增长。基于区域外部需求的区际贸易有广义和狭义之分。广义的区际贸易既包括一国范围内各个区域间的国内贸易，也包括跨国界的国际贸易；既包括区际商品贸易（商品输入和输出），也包括区际服务贸易，如旅游业等。区际贸易也是影响区域经济增长的重要因素，对区域经济增长具有乘数效应。狭义的区际贸易，则专指一国或地区内部不同行政区域或经济区域之间进行的商品与服务的交换活动，不包括跨国界的国际贸易部分。这种贸易主要聚焦于国内市场的商品流通和服务提供，如相邻省份、城市群、经济带之间的商品买卖、技术转移、劳动力流动以及服务性行业的合作，如金融服务、教育服务、医疗服务、旅游服务等，但不涉及跨越国界的经济活动。

（二）区域经济发展

20世纪中叶以前，传统的经济理论认为，经济发展的全部内涵就是一个国家财富的积累和劳务生产的增加，以及人均国民生产总值的提高。20世纪60年代以后，这种观点面临着许多国家尤其发展中国家经济发展现实的严峻挑战。这些国家的人均国民生产总值虽然有了很大提高，但其经济结构、社会结构和政治结构却没有得到相应的改善，贫困、失业、收入不均等问题仍很严重。有鉴于此，经济学家开始重新认识、界定经济发展这个概念，并将它与经济增长区别开来。区域经济发展是指在经济增长的基础上，一个国家经济结构、社会结构不断优化和高度化的演进过程。

发展一词源于英文development，它具有多重含义，既可以表示经济的增长、人们的富裕，又可以表示人类美好、进步和文明，还可以表示政治、经济和社会结构的演进。区域经济发展具有以下特性：①区域经济发展不仅着重外延扩大再生产，即经济规模的扩大，更强调内涵扩大再生产，尤其是科学技术进步和组织管理水平提高带来的经济效率的提高。②发展是一个多层次的变动过程，它不仅涉及物质产品生产的增长，而且涉及社会和经济制度的完善以及人们价值取向的变动。③发展是一个长期的变动过程，短期的经济波动并不能真正反映经济发展的本质特征。④发展不仅代表人类的进步过程，还蕴含着人类所采取的开发行动，如各种开发方案、各项政策措施，以及开发的结果。

（三）区域经济增长与区域经济发展的关系辨析

无论是国家或区域的经济发展，都应包含两个方面的内容：一是这个国家或区域在一定时期内，国民经济总产出的增长，或者说，是生产部门的实物增长和服务部门的劳务增长；二是这个国家或地区在一定时期内，国民经济社会环境的改善，或者说，是国民经济结构、社会结构、经济关系和经济管理体制的改善。

前一个方面的内容是经济增长问题，后一个方面的内容是社会经济进步问题。区域经济增长与区域经济发展的关系如下：

1. 包容关系

经济发展包容着经济增长。一方面，增长是发展的基础和核心内容，没有经济总量的增长，经济实力就不可能得到增强，经济、社会和政治结构的调整与变革便成为空中楼阁；另一方面，增长不一定能带来相应的发展，许多发展中国家经济增长的经验证明了这一点。即使是在经济高速增长的情况下，也并没有取得明显的经济和社会进步，反而出现了"有增长无发展"，或"没有发展的经济增长"的奇特现象。因此，在20世纪70年代之后，"发展"一词被赋予了新的、更丰富的含义。这一概念包括消除贫困、失业、收入差距过大，满足人的基本需要、制度变迁和结构调整等内涵。

2. 互动关系

增长是手段，发展是目的。经济发展的核心是制度变迁和结构转换的过程，制度变迁主要是指政治的和经济的、社会的以及产权制度的转型等。钱纳里强调，结构转换还涉及由国民生产总值连续增长所必然引致的经济和机制结构的一系列变化。物质资本和人力资本的累积及需求，生产贸易和就业结构的转化，被认为是经济结构转变的经济内涵。经济发展实际上就是一个数量增长和质量提高的过程，也是大多数人参与财富的生产和财富的分享。从短期来看，经济增长不一定能带来相应的发展，但从长远来看，经济增长必然或早或晚地引发社会进步，发展将不可避免。

3. 同属历史范畴，需动态考察

一个区域由落后经济走向发达经济要经过经济增长为主→经济发展为主→经济增长为主→经济发展为主的多层次循环，对同一时期不同国家或地区，从横向看，有的以经济增长为主，有的以经济发展为主；从纵向看，各国或地区都交替经历以经济增长为主的时期和以经济发展为主的时期。因此，需要动态考察，才能确定增长和发展的速度、水平、质量。

社会经济进步必须是建立在经济增长的基础之上，而增长的合理程度，又应遵循社会进步的原则，在某种场合下，生态环境和社会进步，又约束着经济增长的幅度。因此，经济发展完整的含义，应是经济增长和经济社会进步的融合。这样，发展、增长和进步的关系就是：经济增长+经济社会进步→经济发展。同样，对于一个经济区域来说，三者的关系也是：区域经济增长+区域经济社会进步→区域经济发展。

二、区域经济增长与发展的传播机制

（一）区域经济增长的发展传播

导致区域经济增长的需求拉力和供给推力一旦产生，便通过各种渠道迅速在区域内传播开来，从而带动区域经济增长。这种增长力在区域经济增长达到一定程度后，会向区外扩散，引发另一个区域的经济增长。区域经济增长得以传播的途径就是区域内部或区际各种各样的经济、社会、文化甚至政治联系，其中又以经济联系，特别是生产性联系最为重要。

1. 纵向经济联系与乘数效应

纵向经济联系的企业之间存在互为产品和原料的生产联系，纵向联系具有自动强化的属性，它可导致累积性或连锁性反应。例如，聚集的外部经济对性质相似的企业或产业具有很大的吸引力，从而促使这类企业向这里集中，势必会进一步强化集聚经济，使被吸引的企业个数增多，从而导致经济再一次扩张。纵向联系的这种自我强化作用，还可引发乘数效应，即一个经济区经济活动水平的某一初始变化，会导致同一方向的进一步变化，进而影响更多种类的产业增长或衰退。

2. 横向经济联系与抑制效应

横向经济联系作用下吸引大批企业围绕区域主导专业化部门而布局，使聚集的规模进一步扩大。横向联系除具有这种正面影响外，同时还具有限制区域经济增长的负面影响，从而削弱某种初始发展动力，使区域经济发展由高速增长转入稳定增长阶段。其原因就在于，一个区域内聚集的产业种类和企业个数增加，它们便与主导产业部门或它们之间竞争当地的稀有资源投入，如土地、水、电、运力等。特别是在短期内，这种对当地稀有资源需求的大量增加，势必会抬高上述资源的价格，加大生产成本，从而遏制区域经济的爆炸性增长或衰退。

区域经济增长的原始动力正是沿着纵向经济联系和横向经济联系的渠道，从一个企业传向另一个企业，从一个产业部门传向另一个产业部门，从一个地区传向另一个地区，从而带动区域经济全面增长和发展的。区域经济乘数效应的运行过程见图1-2。

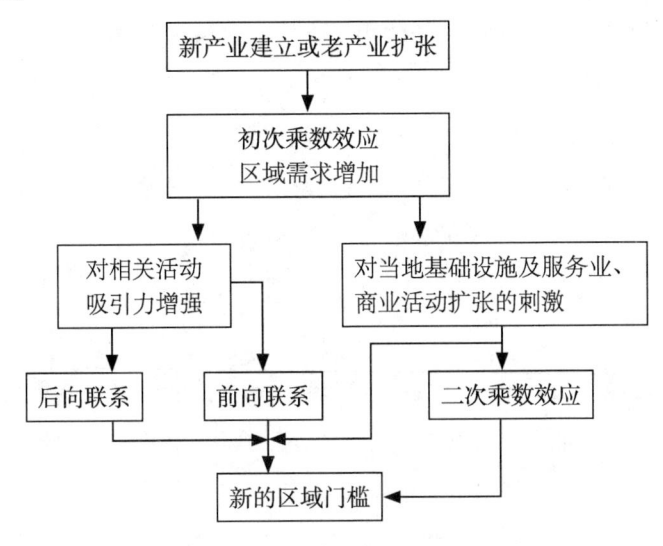

图1-2　区域经济乘数效应的运行过程

（二）区域经济增长与发展机制

区域经济的增长通过各种不同的机制发生扩散和传播，主要包括以下方面：

第一，市场需求的拉动机制。市场需求包括区内市场的需求和区外市场对本区域产品、劳务的需求。为了满足市场最终需求，区域就会对产业进行产出定位并注重区域内各产业部门之间的后向联系，以确保最终产品的生产需要。随着需求发生变化，区域将不断组织生产要素进行新产品的生产，从而带动区域经济持续增长。

第二，要素投入的驱动机制。资本、劳动和技术等生产要素的投入，是区域经济增长的必要条件。从区域经济来看，一种新的（或稀缺的）生产要素引入，就可以与其他生产要素配合生产出新产品（或降低原来的生产成本），从而带动区域经济增长。将稀缺的要素投入生产效率更高的产业或地区，能够产生显著的杠杆效应，宏观的经济增长必然会十分明显。此外，区域通过改善硬环境和软环境要素，可以降低经济运行成本或提高经济活动效益，也会间接促进区域经济增长。硬环境指基础设施条件，相关产业的布局条件等，软环境则包括经济制度、管理方式及组织形式等。

第三，中间投入的拉动和驱动机制。中间产品投入对某些部门来说，形成了其需求市场，对另外一些部门来说，又形成了其投入的要素。中间投入比重的增长是区域经济增长的一种趋势。特别是在工业化的过程中，第二产业的中间投入增加很快，并随着增加中间投入的使用量来增加经济产品的价值，促进区域经济的增长。

第四，产业部门增长的拉动机制。区域经济增长可以具体化为各种产业部门的增长。在一定时期，可能有某一个或几个部门增长速度很快，从而带动区域经济获得整体上的增长。在区域经济发展的不同阶段，关键是正确选择重点发展的产业部门，以充分发挥其生产联动作用，促进技术进步，提高区域整体发展水平。

第五，先行地区增长的拉动机制。区域经济增长也可以具体化为各地区的增长，在一定时期，可能有某一个或几个地区增长速度很快，成为带动性的先行地区，从而使区域经济获得整体上的增长。例如，中国沿海地区近些年来的经济增长，受到三大直辖市和五个"新兴工业省份"广东、福建、浙江、江苏、山东经济增长的巨大拉动，而沿海地区更成为拉动中国经济增长的重点区域。

第六，区域创新的引领机制。熊彼特的创新理论是发达地区经济增长理论的基础。人力资本成为经济增长的主要因素后，创新就成为左右经济增长的关键性行动。事实上，人力资本的开发就是通过创新表现出来的，这种创新可以反映在熊彼特指出的5个方面：使用一种新的技术、开发一种新的产品、运用一种新的工艺、开拓一种新的市场和尝试一种新的组织形式。区域创新是这5个方面的集成，是把人力资本所实现的创新在区域上表现出来。通过不断创新，区域经济增长水平和质量不断提高。

三、区域经济增长与发展的理论支撑

（一）输出基础理论

输出基础理论（Export Base Theory，又译作"输出基地理论""出口基础理论"），是以凯恩斯主义理论为基础，一种侧重从需求角度阐述区域经济增长动因的经典理论。美国经济学家诺思于1955年在其著名论文《区位理论和区域经济增长》中首次提出输出基础理论。在该理论中，经济被划分为两个部门，即基础部门（basic sectors，包括所有的区域外部需求导向的产业活动，即输出产业）和非基础部门（non—basic sectors，包括所有的区域内部需求导向的产业活动）。

1. 理论要点

区外需求是区域经济增长的主要原动力，因此，一个区域的经济增长主要由该区域的输出产业来决定。外部需求的扩大，会带动区内的输出产业和服务业的发展，使区域的输出基础得到相应增强，这将启动一个乘数过程，其乘数数值等于区域总收入或就业量与输出部门的收入或就业量之比。

区域基础部门（输出产业）通过乘数效应带动区域经济增长，区域输出的既可以是各种各样的产品，也可以是技术、资金、劳务、信息等。一个区域输出产业的规模越大，它通过输出产品和服务挣得的收入就越多，扣除生产成本外，还有一笔可观的收入可用来满足人们对区内产品和服务的需求，从而构成一个庞大的消费市场，带动区域内生活自给型产业的发展。同时，输出产业得以正常运行，还需要区域内许多产业提供的生产协作。因此，输出产业的发展还会带动与之有生产性联系的相关产业和生产性服务业的发展。

2. 理论适用范围

这种将出口需求作为区域经济增长唯一原动力的输出基础理论具有一定的局限性。当区域范围大到囊括众多国家的整个地球村，地球村内部各经济区之间互通有无，发展区间或国际贸易。按照输出基础理论，每个区域的经济都会成倍增长，全球的经济也会有相应增长。但是作为整体的地球村的经济是自给的，它并不向其他星球输出任何东西。可见，输出基础理论适用范围是有一定限度的，它不能用于最高层次的、空间范围过大的经济区。能够采取输出基础理论指导本区域经济发展的地区，必须具有优于其他地区的多种优势。

（二）进口替代理论

1. 理论要点

一个区域通过输出产品和服务，可以为本地区挣得收入；相反，进口产品和服务则需要花费外汇，使出口所得的外汇额减少。因此，区域输出额越大，对区域经济增长的正面效益即推动作用就越大；而在区域的收入总量中，为进口而支付的部分越少，则进口带来的负面影响即对区域经济增长的抑制作用就越小。

在经济发展的早期阶段，由于某种产品的区域市场容量小，或生产技术不成熟，或缺乏某种资源但从外区运入成本太高而不能组织生产，就需要从外区进口这种产品，以满足当地对这种产品的需求。而随着区域经济发展壮大，区域工业实力、收入水平和人口规模不断增加，市场容量不断扩大，生产技术渐趋成熟，区域又具备发展生产所需的各种条件，能够在当地生产原来需要进口的某种产品，来满足地方消费，代替进口。那么，这种代替进口的产业对区域经济的带动作用是显而易见的，其意义绝不亚于出口的相应增加。区域经济发展程度越高，进口替代的可能性就越大，从而创造出更多新的就业机会，增加新的收入，带动其他产业的发展，成为新的区域经济增长点。

2. 理论适用范围

进口替代理论强调的是区内生产和区内消费，它适用于区域范围比较大的高层次的综合性经济区。由于进口替代产业的发展，会增强区域的自给性，如果在低级的小型的经济区中推行进口替代战略，则势必会导致区域的闭关自守，形成"大而全、小而全"的经济结构，从而降低经济效率，减缓区域经济增长的速度。

（三）区域经济均衡增长理论

区域经济均衡增长理论的理论基础是经济增长理论，实践基础是发展中国家和欠发达地区的经济社会状况。目的是通过对发展中国家和欠发达地区总体情况的分析，提出使其摆脱贫困，实现工业化和现代化的路径。这一理论产生于20世纪40年代，有代表性的学者是拉格纳·纳克斯和罗森斯坦·罗丹等。

1. 贫困的恶性循环理论

1953年，发展经济学家拉格纳·纳克斯在题为《不发达国家的资本形成问题》一书中，基于对发展中国家长期贫困的分析，提出"一个国家之所以穷是因为它穷"的"贫困恶性循环"理论。

（1）"贫困的恶性循环"的表现。发展中国家存在的"贫困恶性循环"表现在两个方面：其一，"收入水平低下→储蓄不足→资本缺乏→投资不足→生产率低下→收入水平低下"的恶性循环；其二，"收入水平低下→购买力不足→市场规模有限→缺少投资诱惑力→投资不足→生产率低下→收入水平低下"的又一个恶性循环。以上两个恶性循环相互制约，互相加强，构成一个死循环。

（2）发展对策。发展中国家摆脱贫困恶性循环的途径是，同时、全面地对国民经济各部门进行投资。在经济增长初期，之所以选择均衡增长的发展思路，一方面，由于各部门同时扩大生产规模，可以相互利用便利的生产、销售条件，降低生产成本，从而获得内在和外在经济效益；另一方面，由于均衡增长使各部门之间相互产生需求，避免形成多余的生产能力，并加强投资引诱，促进供给和需求保持平衡，使经济稳定而均衡地增长。

2. 大推进理论

大推进理论是英国发展经济学家罗森斯坦·罗丹，在研究战后东欧和东南欧落后地区工业化问题时，提出的一种均衡发展理论。

（1）理论内容。各类国家和地区要有效地促进资本的形成和经济增长，必须在国民经济各部门中同时增加投资，从而实现各部门的均衡增长。因此，该理论被称为"大推进"理论。发展中国家由于缺乏大推进从而长期滞后于西方世界，如果这些国家有一个全面、大规模的大推进，世界经济的进程就会大不相同了。可见，罗丹也将启动发展中国家经济发展的切入点选在了投资环节。

（2）理论基础。大推进理论的理论基础是三种"不可分性"：

第一，社会基础资本或社会分摊资本的不可分性。凡是投资项目，都是不能无限细分的，只能以大量的、全面的、连续的方式进行，才能达到最适度的规模，充分利用规模经济效益来降低成本。否则，就不能达到最适度的规模，也就不能充分降低成本。

第二，需求的不可分性。面对发展中国家市场规模小、收入水平低的现实，在没有充分可供选择的国外市场存在的情况下，需求量"不可分"。如果只对某一个产业或部门投资，将会使这个产业或部门因产品缺乏需求而难以发展下去。因此，适应需求的不可分性，就应广泛地、大规模地在许多产业或部门进行投资。

第三，储蓄的不可分性。投资的来源主要是储蓄。只有当收入的增长达到一定程度以后，储蓄才会快速地增加。为了达到这一程度，发展中国家的经济建设规模必须发展到足以保证收入的增长超过一定的程度，并以此突破"储蓄缺口"对经济发展的约束，从而为经济的增长提供充足的投资资金来源。

（3）投资资金来源。大推进理论认为，发展中国家促进资本形成的途径有两种：途径一：不降低生活水平→将一切可能的资本转化为投资→收益的相当部分用于储蓄→再投资→生产率提高→收入提高。途径二：引进外资→投资→新增收入用于储蓄→再投资→生产率提高→收入提高。

（4）投资部门选择。大推进理论并非主张对国民经济的所有部门同时进行投资。发展中国家在工业化初期，应把其全部资本的30%～40%投到包括电力、交通、通信等社会基础设施建设部门和轻工业部门，而不应将投资重点放在重工业部门，所需的重工业产品可通过国际贸易从发达国家获得。同时，通过对大推进带来的外部经济效益，和对大推进重点投向产业部门的建设目的、建设周期以及资金需求量等因素的分析，大推进过程不能由市场调节进行，而必须由政府通过计划组织实施。

以上两种均衡发展理论，都把启动发展中国家经济发展的切入点选在了投资环节，特别是罗丹的在工业化初期，应将投资的重点放在基础设施和轻工业部门的理论，不仅在当时的历史条件下是合理的，而且对当前我国的西部大开发战略的实施，也有极好的借鉴意义。

但是由于这些理论的创建者，均没有提出该理论的阶段性或时限性，使其在实践中出现了普遍以牺牲较发达地区的经济利益为代价、降低经济效率的诸多案例。此外，虽然他们强调政府在推进发展中国家和欠发达地区经济发展中的作用是正确的，尤其是在工业化发展的初期阶段，政府的作用是市场所不能取代的，但这也应有个时限。并且，由于各地区的差异，在经济发展中非均衡是常态，不可能达到理想中的均衡发展。

（四）区域经济非均衡增长理论

经典区域经济非均衡增长理论，发端于现代区域经济学学科正式形成及早期发展的20世纪50—60年代，在70—80年代不断拓展。20世纪90年代以来，中外学者对区域经济非均衡增长理论又做了进一步丰富拓展，区域经济非均衡协调发展理论、区域经济后发优势理论等蓬勃发展。

1. "极化—涓滴效应"理论

非均衡增长理论的主要代表人物是赫希曼，1958年出版了代表作《经济发展战略》一书，倡导把非均衡增长战略作为经济发展的最佳模式。

（1）理论要点。

第一，经济进步并不同时出现在所有地方，而一旦出现在某处，巨大的动力将会使得经济增长围绕最初的增长点集中。在经济发展过程中，往往一个或几个区域实力中心首先得到发展，增长点或增长极的出现必然意味着增长在国际间或区域间的不平衡，是增长本身不可避免的伴生物和前提条件。

第二，不发达区域应集中有限资源和资本首先发展一部分产业，以此为动力逐步扩大对其他产业的投资，带动其他产业的发展。

（2）区域非均衡增长中的两种效应。

第一，极化效应的产生是由于发达区域高工资、高利润、高效率及完善的生产和投资环境，不断吸引落后区域的资本、技术和人才，从而使其经济趋于萎缩，区域间经济发展差距日益扩大。

第二，涓流效应（又叫"淋下效应""渗透效应"）的产生，则主要通过发达区域对落后区域的购买力或投资增加，以及落后区域向发达区域移民而提高落后区域边际劳动生产率和人均消费水平，缩小了其间的差距。

在投资资源有限的情况下，经济发展应当实行不平衡增长战略。即首先集中资本投资于直接生产性活动部门，获得投资收益，增加产出和收入，待直接生产性部门发展到相当水平后，再利用一部分收入投资于基础部门，推动其增长。并应利用联系效应，选择具有显著前向联系效应和后向联系效应的产业。联系效应最大的产业就是产品需求收入弹性和价格弹性最大的产业，在发展中国家通常为进口替代产业。涓滴效应与极化效应相比，涓滴效应将会占据优势，当经由涓滴效应和极化效应显示的市场力量导致极化效应占暂时优势时，可通过国家干预政策（公共投资的区域分配政策）有效地矫正此种情势。

2. 循环累积因果论

（1）回流效应和扩散效应。经济发展通过两种方式来实现，一是"回流效应"；二是"扩散效应"。

第一，回流效应。回流效应是指劳动力、资本、技术等受生产要素收益差距的影响，由经济落后地区向经济发达地区流动。经济活动正在扩张的地点和地区，将会从其他地区吸引净人口流入。资本运动也具有倾向于增加地区间不平等的类似效果。在经济扩张中心，需求的增加将会刺激投资，促使收入和需求增加，从而引发第二轮投资。贸易活动也基本上偏向于富裕地区和进步地区，而不是其他地区。回流效应使得经济发展中落后地区始终处于被动地位，并且阻碍着区域经济的发展，导致区域差距扩大化。因此，一个区域的持续经济增长，是以牺牲其他区域的利益为代价的。

第二，扩散效应。扩散效应是把扩张动力从经济扩张中心扩散到其他地区，即当经济发展到一定水平时，劳动力、资本和技术等生产要素出现一定程度地从发达地区向落后地区流动的一种现象。当具有初始优势的地区发展到一定程度以后，会出现人口过度集中、交通拥挤、污染严重等城市病现象，这时扩散效应便出现了，人口、资本、技术等向周围扩散。所有位于扩散中心的周围地区都会从不断增长的农产品销售中获益，而且被刺激促进该部门的技术进步。但是回流效应和扩散效应会互相抵消，当一个国家达到高发展水平而扩散效应很强时，回流效应将失去它的作用。

（2）理论要点。将循环累积因果理论运用于区域经济发展，可以看出市场的力量通常是倾向于增加而不是减少区域间的差异。由于聚集经济效应，发达地区在市场机制作用下，会处于持续、累积的加速增长之中，并同时产生扩散效应和回流效应。在区域经济增长过程中，由于市场机制的存在，扩散效应比回流效应要小得多。在扩散和回流这两种力量悬殊的运动过程中，发达地区的经济增长呈现出一种不断上升的景象，而欠发达地区的经济则出现不断下降的趋势，即发达地区因其发达而愈加发达，欠发达地区因其欠发达而愈加落后。

（3）对策。区域经济发展的对策，即在经济发展初期，应采取非均衡发展战略，优先发展有较强增长势头的地区，以取得较好的投资效益和较快的增长速度。通过这类地区的扩散效应带动其他地区的发展。当经济发展到一定水平时，为了避免贫富差距的无限扩大，政府应制定一系列特殊政策来刺激落后地区的发展，以缩小地区差距。

3."倒U型"学说

在一个国家内，当经济发展处于初期阶段时，区域增长是不平衡的，但区域经济差异一般不是很大；随着国家经济整体发展速度的加快，区域之间的经济差异就会随之扩大；当国家的经济发展达到一个相对高的水平时，区域之间的经济差异扩大趋势就会减缓，继而停止；在经济发展的成熟阶段，区域之间的差异就会呈现缩小的趋势。从长期看，区域增长趋向均衡。这样，地区经济差异与国家的经济发展水平变化在形状上像倒写的"U"字，故称为"倒U型"理论。

总之，非均衡增长理论主要根据区域经济不平衡发展的客观规律，并针对均衡发展理论存在的问题，强调不发达地区不具备产业和地域全面增长的资金和其他资源（人才、技术、原材料等），因而理论上的均衡增长是不可能的。区域经济非均衡增长理论顺应了区域经济成长的一般规律，不同时期在生产力布局的决策上要选择支配全局的少数发展条件较好的重点部门、重点地区或地带实行重点开发，逐步实现由不平衡到相对平衡的转变。区域经济成长从不平衡到相对平衡的演变过程是极化效应和扩散效应相互作用、相互转化的结果。在区域成长初期，极化效应较扩散效应显著，区域经济差距呈拉大趋势，这种不平衡表现在生产要素首先集中在少数点或地区（增长极）上，可以获得较好的效益和发展。在区域成长后期，扩散效应变得更为重要，聚集经济向周围扩散渗透，并导致区域经济差异的进一步缩小。

事实上，均衡发展理论与非均衡发展理论并不像表面上看来那样各执一端，互不相容，两者也有统一的一面，只是侧重点不同而已。均衡与非均衡是贯穿于区域经济发展过程中的矛盾统一体，它们相互交替，不断推动区域系统从低层次向高层次演化。

（五）区域可持续发展理论

可持续发展的定义是："既满足当代人的需要，又不对后代人满足其需要的能力构成危害的发展。"其核心思想是，健康的经济发展应建立在生态可持续能力增强、社会公正和人民积极参与自身发展决策的基础上。它所追求的目标是既要使当代人的各种需要得到满足、个人得到充分发展，又要保护资源和生态环境，不对后代人的生存和发展构成威胁。

可持续发展的基本内涵应包括四个方面：第一，发展的内涵既包括经济发展，也包括社会发展和保持、建设良好的生态环境。经济发展和社会进步的持续性与维持良好的生态环境密切相连。经济发展应包含数量的增长和质量的提高两部分。数量的增长是有限度的，而依靠科学技术进步提高发展的经济、社会、生态效益才是可以持续的。第二，自然资源的永续利用是保障社会经济可持续发展的物质基础。可持续发展主要依赖可再生资源特别是生物资源的永续性。必须努力保护自然生态环境，维护地球的生命支持体系，保护生物的多样性。第三，自然生态环境是人类生存和社会经济发展的物质基础，可持续发展就是谋求实现社会经济与环境的协调发展和维持新的平衡。第四，控制人口增长与消除贫困，是与保护生态环境密切相关的重大问题。

可持续发展思想符合经济、社会、生态环境系统相互联系、相互作用和相互制约的内在关系和要求，是科学的、符合人类和自然界发展规律的新发展观。

区域可持续发展是指应用生态经济学的原理和方法，寻求区域经济发展与其环境之间的最适合关系，以实现区域经济与人口、资源、环境之间保持和谐、高效、优化、有序的发展。它的实质是在区域经济发展过程中要兼顾局部利益和全局利益，当前利益与长远利益，要充分考虑到区域自然资源的长期供给能力和生态环境的长期承受能力，在确保区域社会经济获得稳定增长、发展的同时，谋求区域人口增长得到有效的控制、自然资源得到合理开发利用、生态环境保持良性循环发展。可以说区域可持续发展是区域经济发展的最高阶段。

1. 区域可持续发展系统的构成

区域可持续发展系统的构成是十分复杂的，它包括人类社会本身以及与人类社会有关的各种基本要素、关系和行为。根据其基本特点，可以把区域可持续发展系统概括为人口、资源、环境、经济和社会五个子系统。

（1）人口系统。人口系统是区域可持续发展系统的主体。加强科技教育，控制人口数量，提高人口素质，是实现区域可持续发展的关键。

（2）资源系统。资源系统是区域可持续发展系统的物质基础。合理地开发和利用资源是经济可持续发展的前提。

（3）环境系统。环境系统是区域可持续发展系统的重要组成部分，环境保护是可持续发展的必要条件，环境质量的好坏是可持续发展与非可持续发展的重要区别。

（4）经济系统。经济系统是区域可持续发展系统的核心内容。区域可持续发展首先是经济发展，只有经济发展才是解决资源和环境问题的根本手段。

（5）社会系统。实现社会的可持续发展是区域可持续发展的最高目标。社会系统的质量是人口、资源、环境和经济子系统实现协调发展的关键。合理的政治体制、稳定的社会环境等因素是实现区域可持续发展的保证。

2. 区域可持续发展的识别标志

（1）区域人口数量。区域人口的出生率与死亡率应达到并保持基本的平衡。

（2）区域人均综合财富保持稳定并逐步增加。据世界银行报告，综合财富包括自然财富（土地资源、水资源、矿产资源、生物资源等）、生产财富（工矿设施、基础建设、固定资产等）、人力财富（教育水准、科技能力、管理水平等）、社会财富（社会有序、社会保障、组织能力等）。

（3）区域科技进步。区域科技进步的贡献率应当抵消或克服投资的边际效益递减率。

（4）区域资源要素。主要指标包括区域内森林的采伐率与营造率之间保持基本平衡、草原的牧养量与载畜能力保持基本一致、地下水的抽取量与补给量保持稳定的动态平衡、耗竭性资源开采量与探明储量间保持动态平衡。

（5）区域环境演化。主要指区域人类活动与环境的协调，识别指标有人为的温室气体的产生率与环境中的固定率在长时期内保持平衡，避免全球变暖现象加剧；环境污染源的物质排放量与环境自净能力基本平衡。

（6）区域社会管理。一是要在效率与公正之间寻找均衡点与结合点；二是要在环境与发展之间寻求某种积极的均衡，并设计定量监控指标。

四、区域经济发展阶段理论的解读

区域形成之后，就处在发展变化之中，并且会经历不同的发展阶段。区域经济的成长是一个渐进的过程。这一渐进过程通常又表现出一定的阶段性特征。在同一区域，不同发展阶段的区域经济会表现出不同的特征，区域经济结构和社会文化观念也都会有所变化。这种结构性变化和经济总量的增长共同反映区域经济从一个发展阶段进入另一个更高的发展阶段。

（一）西方的区域经济发展阶段理论

早在英国古典经济学家亚当·斯密的分析中，就已将人类社会的发展历程做了"狩猎社会"和"农业社会"的划分；随着人类社会的发展，发展经济学家李斯特在斯密划分的基础上，又增加了"农工业社会"和"农工商社会"两个阶段。西方区域经济发展阶段理论以罗斯托经济发展阶段论和胡佛—费歇尔经济发展阶段论最为著名，以下分别进行探讨。

1. 胡佛—费歇尔阶段论

1949年，美国区域经济学家胡佛和费歇尔发表了《区域经济增长研究》一文。在该文中，他们经过大量的史实研究后认为，任何区域的经济增长都存在着"标准阶段次序"，具体包括以下五个阶段：

（1）自给自足经济阶段。此为区域经济增长的初始阶段。其特征表现为：经济活动以农业为主，区域人口绝大部分为农业人口；区域经济呈明显的封闭性，区域间经济联系甚少；经济活动在空间上随农业资源分布呈离散状态。

（2）乡村工业兴起阶段。随着农业、交通运输业以及贸易的发展，乡村工业崛起并在区域经济发展中发挥重要作用。由于乡村工业的原料、市场、劳动力仍来源于农业区域，因此乡村工业主要分布在农业发展水平相对较高的地区。

（3）农村生产结构转换阶段。随着乡村工业发展，区域农业生产方式逐渐发生变化，由粗放型农业向集约型、专业化方向转变，区域之间的贸易和经济往来不断加强。

（4）工业化阶段。以矿业和制造业发展为先导，区域工业逐渐兴起并成为推动区域经济增长的主导力量。工业化阶段一般分为前后两期，前期是以农副产品为原料的食品加工、木材加工、纤维纺织加工业等为主，后期发展钢铁、石油冶炼业、金属材料加工制造业、化学工业、建材工业等。

（5）服务业输出阶段。此为区域经济增长的最后阶段，在这个阶段，拉动区域经济持续增长的主要因素是资本、技术以及专业性服务的输出。其中，专业性服务的输出逐渐成为区域经济增长的驱动力。

胡佛—费歇尔的区域经济增长阶段理论只是对区域经济发展的状态描述，没有涉及区域经济发展的动力机制及其原因的解释，在理论的应用层面上，也并非每一个区域的经济发展都必须经历这样的"标准阶段次序"。

2. 罗斯托的经济成长阶段论

美国著名的经济学家罗斯托在其1960年出版的《经济增长的阶段》一书

中，通过对工业化国家增长过程的考察，归纳出国家或区域的经济增长大体上经历以下六个阶段：

（1）传统社会阶段。该阶段的特点是：生产力水平低下，农业是主导产业；科学技术发展极其缓慢，且未与生产相结合；家族和氏族关系在社会组织中起很大作用；政治权力一般被各地区拥有或控制土地的人所掌握，在社会制度上尚不具备现代化产业必需的各种条件，社会的信念体系同长期宿命论结合在一起。

（2）为"起飞"创造前提条件阶段。该阶段是区域依靠内部和外部力量由传统社会向"起飞"阶段过渡的时期，该阶段的特点是：①生产力水平提高，剩余产品增多，储蓄欲望提高；②资本市场出现，投资率提高到超过人口增长的水平；③重视提高农业生产率，农业是主导产业，同时家庭手工业、商业、服务业也逐渐发展起来；④近代科学知识开始在工业生产和农业革命中发挥作用；⑤自给自足的区域隔离被打破，面向全国、全世界逐步形成统一的市场；⑥政治上，成立了中央和地方政府，建立并完善法律制度和社会基础，资源得以充分利用。

（3）"起飞"阶段。这个阶段的特征是：以内燃机的发明为标志的产业革命引起生产方式的剧烈变革，使区域彻底挣脱了经济成长的瓶颈，打破了传统的经济停滞状态；近代工业开始萌芽，并迅速大规模地发展起来，工业成为产业体系的主体；人均国民收入开始急剧地持续地增长。起飞阶段持续20~30年，但会导致社会经济的深刻变化。区域经济要想实现"起飞"，必须具备以下三个条件：第一，生产性投资率有较大提高，占国民收入的比例约为10%；第二，建立以制造业为代表的主导专业化部门；第三，缔造能确保经济"起飞"的政治、社会和制度环境。

（4）向成熟推进阶段。指高度发达的工业社会。这一阶段的特征有：一系列现代技术广泛地应用于经济领域；工业朝多样化方向发展，钢铁、机械、石油、化学等重化工业的发展是经济成熟的标志。生产性投资率进一步提高，占国民收入的10%~20%；生产和人口出现双增长，前者的增长速度超过后者，农业人口比重有较大降低，由起飞阶段结束时的40%降至20%；教育事业迅速发展，劳动者的受教育程度和专业技能得到提高；社会结构中出现了企业家阶层。成熟阶段大约持续60年，是一个虽有波动但仍持续增长的时期。

（5）高额群众消费阶段。高额群众消费阶段指高度发达的工业社会。这一阶段的特征是：人均国民收入大幅度增长，消费水平明显提高，人均实际收入已能使众多的人在满足衣、食、住、行及其他消费品需求之外，转向对耐用消费品的需求；服务业得到广泛发展；工业结构由重化工型转为耐用消费品生产型；经济的国际化进一步加强，对外贸易作用显著加强；企业竞争日趋激烈，垄断开始出现；生产能力超过消费能力，政府通过财政、金融、税收等政策干预经济发展。

（6）追求生活质量阶段。追求生活质量阶段指工业化后社会。该阶段的特点是：人均国民收入进一步提高，人们由满足基本生活需要转向追求文化娱乐、环境质量等精神生活需求，以服务业作为主导产业；人类社会不再以物质产品数量的多少来衡量社会的成就，而是以劳务所形成的反映"生活质量"的高低程度作为衡量社会发展的标志；劳动力从第二产业向第三产业转移。

在区域经济发展的上述六个阶段中，"起飞"阶段和"追求生活质量"阶段是区域经济发展进程中的两次飞跃。主导产业的更替和科学技术的进步是决定区域经济发展处于哪个阶段的主要因素。

3. 钱纳里的经济增长阶段论

（1）传统社会阶段。产业结构以农业为主，绝大部分人口从事农业，没有或极少有现代化工业，生产力水平很低。传统社会发展水平低，基础设施、技术水平都比较落后。

（2）工业化初期阶段。产业结构由以落后的农业为主的传统结构逐步向以现代工业为主的工业化结构转变，工业中则以食品、烟草、采掘、建材等初级产品的生产为主。这一阶段区域开始走上工业化的道路，人民生活水平逐步提高，市场逐步扩大，投资环境得到改善。这一时期的产业主要是以劳动密集型产业为主，利用区域内廉价劳动力降低成本，提高产业和区域的竞争能力。

（3）工业化中期阶段。制造业内部由轻型工业的迅速增长转向重型工业的迅速增长，非农业劳动力开始占主体，第三产业开始迅速发展，这就是所谓的重工业化阶段。工业化中期阶段是区域经济发展由传统社会向现代社会发展的关键性阶段。

（4）工业化后期阶段。在第一、第二产业协调发展的同时，第三产业开始由平稳增长转入持续的高速增长，成为区域经济增长的主要力量。工业化初期、中期、后期阶段合称为工业化阶段，是一个地区由传统社会向现代社会过渡的阶段。

（5）后工业化社会。制造业内部结构由资本密集型产业为主导向以技术密集型产业为主导转换，同时生活方式现代化，高档耐用消费品在广大群众中推广普及。

（6）现代化社会。第三产业开始分化，智能密集型和知识密集型产业开始从服务业中分离出来，并占主导地位；人们消费的欲望呈现出多样性和多变性，追求个性。现代化社会是一个用知识和智能来追求个性发展的社会，其投资领域主要是知识密集型产业和现代化的生产、生活服务业，多样化是其基本特征。

（二）我国的区域经济增长阶段理论

1. 陈栋生、魏后凯的区域经济增长阶段论

"区域经济的成长（增长）是一个渐进的过程，如同人的一生有少年、青年、中年和老年等成长阶段一样，区域经济发展也有待开发（不发育）、成长、成熟（发达）、衰退等发展阶段。除了特殊情况外，一般都是循序渐进的"[1][2]。

（1）待开发（不发育）阶段。在经济发展的初始阶段，区域经济处于未开发或不发育状态，生产力水平低下，生产方式原始，生产手段落后，产业结构单一，第一产业占极高的比重；商品经济甚不发达，市场规模狭小，经济增长缓慢，长期停滞在自给自足甚至自给不能自足的自然经济中；自身资金积累能力低下，缺乏自我发展能力。处于这一阶段的区域经济发展途径为：将外部资金、人才、技术输入和区域内条件有机结合，形成自我发展能力，启动区域经济增长。

（2）成长阶段。当区域经济跨过工业化的起点，呈现出较强的增长势头，标志着区域经济发展已由待开发阶段进入成长阶段。在这一阶段，区域经济呈现高速增长，经济总量规模迅速扩大；产业结构急剧变动，第二产业开始占主导地位；商品经济逐步发育，市场规模不断扩大，区域专业化分工迅速发展，优势产业开始形成或正在形成中；人口和产业活动迅速向一些城市地区集中，形成启动区域经济发展的增长极。伴随区域经济总量的增长和结构性变化，区域社会文化

---

[1] 陈栋生. 区域经济学 [M]. 郑州：河南人民出版社，1993：30—36.
[2] 魏后凯. 现代区域经济学 [M]. 北京：经济管理出版社，2006：250.

观念也相应地发生较大转变。促使一个区域的经济发展由不发育阶段迅速进入成长阶段，可以通过不同的途径来实现，如外部推动型、国家投入型、自身积累型和边贸启动型等。

（3）成熟（发达）阶段。区域经济经过成长阶段的高速增长后逐步进入成熟（发达）阶段。其总体特征为：区域经济增长速度趋缓，并渐趋稳定；工业化达到较高水平，服务业较发达，基础设施完善，交通运输、信息已形成网络；生产部门齐全，专业化分工程度高；区内资本积累能力强，人力资本丰富。处于这一阶段的区域通常是国家经济中心区所在，区域经济发展状况与整个国民经济发展的关联度相当高。

但在区域经济发达、繁荣的背后也存在着潜在的衰退因素。比较突出的是：①"空间不可转移"和"不易转移"要素的价格上涨，如地价、水费、工资上涨，排污费增加，生活成本提高。②许多曾是领先甚至独占的技术，随着它的逐步普及而丧失其"独占利益"。③由于设备刚性，许多企业的"硬件"已经陈旧、老化，综合表现为越来越多的产业和产品的比较优势逐步丧失。④由于技术（产品）老化、市场萎缩和资源枯竭，一些在成长阶段支撑区域经济高速增长的主导产业，其增长速度大为减慢，有的甚至出现衰退，沦为衰退产业。

（4）衰退阶段。由于运输地理位置的变更、产业布局指向的变化、资源的枯竭、技术和需求的变化，部分区域在经历成熟阶段后，有可能转入衰退阶段。其总体特征为：经济增长缓慢，原有的增长中心和主导产业发展势头丧失；传统的衰退产业所占比重大，区域主导产业链条在时序上缺乏有机连接，导致区域经济的结构性衰退，若结构调整滞缓，缺乏新兴替代产业，则区域经济将出现绝对衰退，逐步走向衰落。地区经济的衰退按其形成原因，大体可分为以下四种类型：①区位性衰退。由于运输地理位置和产业布局指向的变化使原有区位优势丧失，导致经济增长出现衰退。②资源性衰退。主要发生在结构单一且以资源型产业为主导的地区。一旦地区内关键性资源发生枯竭，或者面临来自国外进口的廉价资源的激烈竞争，或者因替代品的出现而导致对某特定资源需求的急剧减少，导致经济衰退。③结构性衰退。主要是由于带动地区经济增长的主导产业出现衰退期，而又缺乏新的主导产业来代替，或者新的主导产业还处于形成之中，导致地区经济衰退。④消聚性衰退。是指产业和经济活动在地理空间上的集聚过度，造成集聚不经济。从而促使产业和经济活动由集中走向分散，导致一些集聚过度的地区从繁荣走向衰退或相对衰退。

在上述四种地区经济衰退中，资源性衰退和结构性衰退主要是一种"结构效应"的现象。就是说一些地区之所以会出现经济衰退，是因为它们拥有较不利的产业结构。这些地区或者产业结构单一，以资源型产业为主导，或者是处于衰退中的传统产业的相对集中地区。因此，要重振、复兴衰退地区经济，关键是通过经济的多元化和结构的高度化，改变单一性的经济结构，进行结构的重组和改造，并建立与此相适应的灵活经济体制。

另外，在区域经济经历成熟阶段以后，也不一定马上进入衰退阶段。可以通过技术创新和技术进步，延长成熟阶段经历的时间，促进区域经济持续发展，进入新的成长阶段，开始新一轮成长过程。

2. 郝寿义、安虎森的区域经济增长阶段论

"郝寿义、安虎森将一般区域的经济增长分为待开发、成长、成熟和高级化4个阶段"[1][2]。

（1）待开发阶段。其整体特征表现为：①经济结构落后。农业在经济结构中居绝对地位，以粮食生产为主的种植业是最主要的经济活动内容；工业所占比重极低；第三产业不发达。②要素配置不合理。区域储蓄能力弱，资本形成不足，资本稀缺是区域经济增长最主要的制约因素；区域劳动力充裕，后备劳动力资源极为丰富，但其素质低下；经济活动对自然的依赖性强，劳动生产率低。③经济活动处于自给自足的封闭状态，与区外经济联系微弱。④经济增长缓慢，经济发展水平低下。

（2）成长阶段。其总体特征表现为：①区域工业化开始启动，经济结构明显改善。农业所占比重明显下降，农业内部结构不断调整；工业成为区域经济的主导部门，资源密集型产业和劳动密集型产业占主体地位，资本密集型产业呈良好发展势头；服务业发展迅速。②要素配置更为有效。区域人均收入水平明显提高，居民储蓄能力增加，促进了资本形成及区域资本供给能力提高；农业劳动力逐步向工业和其他产业转移，劳动力素质不断提高。③劳动生产率不断提高，经济增长速度较快。

---
[1] 郝寿义，安虎森.区域经济学[M].北京：经济科学出版社，1999：183—186.
[2] 郝寿义，安虎森.区域经济学（第2版）[M].北京：经济科学出版社，2004：211—214.

（3）成熟阶段。其总体特征表现为：①区域经济基本实现现代化，第三产业的增长速度高于工业、农业等物质生产部门的增长速度，劳动力由物质生产部门向第三产业转移。②推动区域经济增长的因素已由要素投入数量的增加转变为要素配置效率的提高和技术创新能力的增强。③劳动密集型产业逐渐被资本、技术密集型产业取代，促使区域产业结构高级化。④农业全面实现机械化，工业基本实现自动化，金融、保险、咨询、技术服务等新兴第三产业发展迅速。⑤由于要素供给质量明显提高、技术创新能力增强、产业结构不断升级，区域经济快速增长。

（4）高级化阶段。其总体特征表现为：①区域经济完全实现现代化，推动区域经济增长的主导因素已由要素投入的增加转变为技术和组织创新。②大型企业集团迅速成长和扩张，日益成为区域经济发展的主导力量。③区域和外部的经济联系更为密切，向外输出技术含量高的物质产品以及技术、资本和其他服务；经济联系范围更加广阔，国际市场对区域产品的需求状况以及区域产品在国际市场的竞争能力，对区域经济增长影响甚大。④消费结构发生根本性变化，物质消费退居次要地位，追求精神享受成为主流，服务于这一消费结构变化的第三产业快速发展，成为推进经济增长与发展的重要力量之一。

第三节 人才培养与区域经济的关系

在全球化与信息化交织的今天，区域经济的繁荣与发展已不再是单一因素作用的结果，而是多重因素综合影响的产物。其中，人才培养与区域经济之间的紧密关系尤为显著，二者相辅相成，共同推动着地区社会的进步与繁荣。

一、人才培养对区域经济的重要性

第一，创新驱动力的源泉：人才是科技创新的核心要素，高素质人才的培养与引进，能够为区域经济注入源源不断的创新活力。他们凭借先进的知识技能、敏锐的洞察力和强大的执行力，不断推动新技术、新产业、新业态的涌现，为区域经济转型升级提供强大动力。例如，在高科技园区或创新型城市中，高端科技人才的聚集促进了高科技产业的快速发展，进而带动了整个区域经济的腾飞。

第二,产业结构优化升级:随着人才培养体系的不断完善,人才结构逐渐趋于合理,能够更好地适应并引领区域产业结构的优化升级。一方面,高层次人才通过技术创新和管理创新,推动传统产业向高端化、智能化、绿色化转型;另一方面,新兴产业的快速发展也需要大量专业人才的支持,人才培养与区域产业结构的动态匹配,促进了经济结构的持续优化和升级。

第三,增强区域竞争力:在全球化竞争日益激烈的背景下,区域经济的竞争力很大程度上取决于其人才资源的丰富程度和质量。拥有高素质、专业化、多元化的人才队伍,不仅能够提升区域自主创新能力,还能在吸引外资、拓展市场、参与国际竞争等方面占据有利地位。因此,加强人才培养,对于提升区域经济的整体竞争力和可持续发展能力具有重要意义。

二、区域经济发展对人才培养的推动作用

第一,提供实践平台与就业机会:区域经济的发展为人才培养提供了广阔的实践平台和丰富的就业机会。随着产业的不断壮大和新兴产业的不断涌现,企业和社会对各类人才的需求日益增长,这为人才提供了更多的实践锻炼和职业发展机会。同时,区域经济的多元化发展也为人才提供了多样化的职业选择,促进了人才的合理流动和优化配置。

第二,促进教育资源整合与优化:区域经济的发展水平直接影响到教育资源的投入和配置。经济发达的地区往往能够投入更多的资金用于教育基础设施建设、师资队伍建设和教育科研创新,从而不断提升教育质量和水平。此外,区域经济的发展还能促进校企合作、产学研融合等模式的深入发展,使教育资源与产业需求更加紧密地结合起来,形成良性循环。

第三,激发人才培养的创新活力:区域经济的繁荣发展,特别是创新型经济的崛起,为人才培养注入了强大的创新活力。在激烈的市场竞争环境中,企业和社会对创新型人才的需求更加迫切,这促使教育机构不断改革教学内容和方法,加强对学生创新精神和创新能力的培养。同时,区域经济的多元化和开放性也为人才提供了更广阔的视野和更丰富的经验积累,激发了他们的创新思维和创造力。

综上所述，人才培养与区域经济之间存在着密不可分的关系。人才培养是区域经济发展的重要支撑和动力源泉，而区域经济的发展又为人才培养提供了实践平台、就业机会和教育资源支持。因此，在推动区域经济发展的过程中，应高度重视人才培养工作，不断优化人才培养体系，提升人才质量和水平，以更好地服务于区域经济的可持续发展。

第二章 区域产业结构与人才培养

第一节 区域产业结构的基本认识

一、产业

"产业是历史范畴,是伴随生产力和社会分工的深化而产生和不断扩展的,是国民经济各部门各行业的总称"[①]。产业作为经济单位,介于宏观经济与微观经济之间,是企业与区域经济整体之间的一种中观经济层次。它既是国民经济的组成部分,又是同类企业的集合。但是,由于产业的内容十分复杂,至今尚无统一的严谨的定义。从不同的研究目的与角度出发,人们采取了多种多样的产业分类法。下面探讨一些常见的产业分类法。

(一)三次产业分类法

三次产业的划分是英国著名的经济学家科林·克拉克1940年在他发表的著名经济学著作《经济进步的条件》中提出来的。克拉克关于三次产业的理论总结了伴随经济发展的产业结构的演变规律,从而开创了产业结构理论,成为分析国家和地区产业发展的有力工具。克拉克将产业部门归并为三类,第一产业:取自于自然物的生产,包括种植业、畜牧业、林业和狩猎业等。第二产业:加工于自然物的生产,包括采矿业、制造业、建筑业、煤气、电力、供水等。第三产业:繁衍于自然物之上的无形财富的生产,包括商业、金融及保险业、运输业、服务业、其他公益事业和其他各项事业。这种分类法从经济学理论上来看并非很严密,其中采矿业、煤气、电力、供水、其他公益事业等行业的产业归属问题也有争议,但从应用经济分析上看,它是研究伴随经济发展的资源分配结构变化趋势

---
① 方大春.区域经济学:理论与方法[M].上海:上海财经大学出版社,2017:128.

的一种有用工具。

（二）国际标准产业分类法

为了统一各国的产业分类，联合国于1971年颁布了《全部经济活动的国际标准产业分类索引》。这一分类法将全部经济活动分为10大项：农业、狩猎业、林业和渔业；矿业和采石业；制造业；电力、煤气、供水业；建筑业；批发与零售业、餐馆与旅店业；运输业、仓储业和邮电业；金融业、不动产业、保险业及商业性服务业；社会团体、社会及个人服务；不能分类的其他活动。国际标准产业分类与三次产业分类之间存在很强的对应关系。这种分类比较规范，便于进行国际或区际比较。

（三）两大部类和农轻重分类法

两大部类和农轻重分类法是把社会总产品从实物形态上按其最终使用方向划分为生产资料部类和生活资料部类，并相应地把生产这些产品的部门也划分为两大部类，即生产生产资料部类和生产生活资料部类。

这种产业分类法是产业结构理论的基本来源之一，是投入产出表的基础。其局限性是覆盖面窄、实际应用困难。两大部类分类方法未能将一切物质生产领域和非物质生产领域包括进去，从分类界限来看，有些产品难以确定为两大部类中的生产资料或消费资料。

在具体的应用中，两大部类和农轻重分类法将社会生产划分为农业、轻工业和重工业三大部门。一般属于重工业的工业部门有冶金工业、建材工业、机械工业、化学工业、煤炭工业、石油工业等；轻工业的工业部门一般有食品工业、纺织工业、造纸工业等。两大部类和农轻重分类法由于没有包括对服务业的分类，今天已经很少使用。

（四）要素密集度分类法

根据各类生产要素的密集程度，经济活动一般可分为：资源密集型产业、劳动密集型产业、资本密集型产业与技术密集型产业。这种分类有利于揭示区域要素禀赋构成与生产优势，研究区域分工与要素密集程度差异对区域经济发展与区际经济关系的影响。

要素密集度分类法产业划分的特征：它存在于将各个产业使用的各种资源的组合在产业之间进行的比较中，因此它是一种相对的划分，不存在绝对的划分标准。一般而言，像钢铁工业、石油化学工业等被认为是资本密集型产业，采矿业等被认为是资源密集型产业，纺织工业等被认为是劳动密集型产业，而像电子计算机工业等则既是技术密集型产业又是劳动密集型产业。生产要素密集程度分类法可以说明区域产业结构的素质，揭示区域产业结构的发展趋势，并在区域产业结构规划中发挥重要作用。

（五）区域产业功能分类法

根据产业在区域经济发展中所发挥的功能作用，各类区域经济活动可分为三类：主导产业、辅助产业与基础产业。

第一，主导产业又称专业化产业，是决定区域在区域分工格局中所处地位与作用的、对区域整体发展具有决定意义的产业。

第二，辅助产业是围绕主导产业发展起来的产业，主要是为主导产业的发展进行配套的产业以及主导产业产前和产后的延伸产业。

第三，基础产业是为保证区域主导产业与辅助产业发展与生活需要而形成的产业，主要包括基础设施产业和服务业。

在一个区域中，主导产业是其经济核心，主导产业的兴衰决定区域经济的兴衰。辅助产业与主导产业之间存在着前向联系和后向联系，在很大程度上取决于主导产业的构成与规模。基础产业主要面向区内，受区内生产与生活需求的量与结构影响较大。区域产业功能分类一般用于研究区域主导产业选择与区域规划，是最常用的区域产业分类法之一。

二、产业结构

产业结构是指区域经济中各类产业之间的内在联系和比例关系。对产业结构概念的理解应把握如下方面：第一，产业结构是在社会再生产过程中形成的。第二，产业结构是以国民经济为整体，即以某种标志将国民经济划分成若干个产业。第三，产业之间的生产技术经济联系主要反映产业间相互依赖、相互制约的程度和方式。

三、区域产业结构

区域产业结构是全国经济空间布局在特定区域组合的结果。在某特定区域内，之所以拥有某种类型的产业结构，是由该特定区域的优势和全国经济空间布局的总体要求所决定的。区域经济学的理论认为，区域经济的本质是充分发挥区域优势，在空间市场一体化的条件下，实现区域间的合理分工，以最大限度地获取空间经济的整体效益。区域优势主要包括资源优势、区位优势和发展阶段优势，反映了区域优势的动态性和阶段性。另外，由于我国特殊的国情，各地政策体制不统一，因此，区域体制在一些地区也是一种区域优势。发挥区域优势的关键就在于建立能充分体现区域优势的区域产业结构。

区域经济发展的实践证明，建立区域产业结构必须遵循"有所为、有所不为，但求所在、不求所有，但求所有、不求所在"等市场经济体制条件下的区域经济运行原则。为贯彻以上原则，在某地区经济发展的成果评价上，应改变目前以GDP（属地原则）为指标的做法为以GNP（要素收入原则）为指标的做法。

（一）区域产业结构的分类原则

区域产业结构分类要遵循以下三个原则：

第一，区域产业结构分类要以区域优势为基础。区域产业结构是围绕区域优势建立起来的，区域优势不同的地区，产业结构也不相同。在分类中要突出能发挥区域优势的产业，包括具有绝对优势的产业和具有相对优势的产业。

第二，区域产业结构分类应反映区域分工的要求。区域分工是区域产业结构分类存在的基础。没有区域分工，各地产业结构都一样，那就无所谓产业结构分类。区域分工反映了"区域"在经济活动中的意义，在全国统一市场条件下，各区域之间彼此分工，任何一个区域都为其他所有区域服务，其他所有的区域反过来也为该区域服务。国土面积越大，"区域"数目越多，区域分工的深度和意义越大，彼此互利的作用越大。

第三，区域产业结构分类应相对完整，应具有较紧密的关联性和动态性。区域经济的平稳发展既依赖具有优势的专门化产业的快速发展，又需要与专门化产业相配套的一般产业的多元化综合发展。不同功能的产业相互关联与互补，形成完整的区域产业结构。专门化产业的功能是"发展"，一般产业的功能是"稳定"，缺乏任何一个环节的功能产业都可能影响区域经济的健康发展。因此，区域内各种形式的专门化产业应与一般产业的发展有机地结合起来。

（二）区域产业结构的分类体系

按照以上原则可以把区域产业作如下功能性分类：

1. 区域专门化产业

区域专门化产业是指那些能发挥区域优势的、具有区域分工意义的、主要为区外服务的产业。在区域各专门化产业中，根据专门化程度的大小及其与区域经济发展阶段的适应程度，又可分为主导专门化产业和一般专门化产业。

（1）主导专门化产业，又称地区主导产业，是指在区域经济发展的各阶段处于支配地位的地区专门化产业或产业群。它具有参加区际服务分工和带动区内其他产业发展的双重功能。地区主导产业必须具备以下三个条件：一是具有较高的劳动力专门化率，显示较强的区域外向性；二是有较高的区内增加值比重，能主导区域经济发展的方向和水平；三是有较高的产业关联度，能强有力地带动区内其他产业的发展。

（2）一般专门化产业。即除主导产业外的地区专门化产业，包括前一发展阶段退下来的主导产业、处于形成中的未来的主导产业（潜导产业）、其他一般性专门化产业。根据区域动态比较优势原理，在重视主导专门化产业发展的同时，也不应忽视一般专门化产业的发展，以形成相互联系的替代链，使区域经济始终拥有起带头作用的产业，以促使经济持续、稳定、健康的发展。

2. 辅助配套产业

为地区专门化产业提供产中、产前、产后辅助配套的产业，其功能是确保专门化产业的顺利健康发展。从产业的关联性来看，辅助产业与主导产业有着最直接、最密切的纵向和横向的联系，完全是为主导产业服务的。在建设规模、速度及顺序上，辅助产业都应当按照主导产业发展的要求去做。区域主导产业不同，辅助配套产业也就不一样。

3. 非专门化产业

非专门化产业是指专门化率小于1或略大于1的、主要满足区内需求的自给性产业，包括区内基础设施、生活服务产业和需求量大、不宜运输、发展要求不高的所谓普适性产业。区内基础设施主要有交通通信网、电力网、农田水利、城市基础设施等。生活服务产业包括商贸行业、餐饮、旅馆、仓储、社区服务、家政服务等。普适性产业涉及日常蔬菜、鲜活食品、奶制品、体积庞大的易碎物品及砂土、砖石类建材等。

区域产业结构分类既突出了区域产业的重点——主导产业，又兼顾了非专门化产业，组成了区域产业结构的完整体系；既强调了区域经济的专门化发展，又兼顾了综合发展；同时还清楚地反映了主导产业替代演进的区域产业结构发展规律。

（三）区域产业结构的基本类型

按上述区域产业结构分类，根据各地区主导专门化产业、一般专门化产业、辅助配套产业及非专门化产业的具体实体产业的状况及比例关系，可将区域产业结构划分为若干类型。当然，分析问题的角度不同，所得出的区域产业结构的类型也不同。在此，从资源加工程度的角度，以我国为例划分区域产业结构的类型如下：①以采掘工业为主的资源区，如晋、内蒙古、黑、赣、豫、青、宁等省份。②以原材料工业为主的资源区，如冀、皖、湘、藏、甘等省份。③以重加工为主的加工区，如京、津、沪、苏、陕等省份。④以轻加工为主的加工区，如浙、闽、粤、桂、渝、川、新等省份。⑤资源与加工并举区，如辽、吉、黔、鲁、鄂、琼、滇等省份。

（四）区域产业结构的影响因素

影响区域产业结构的因素主要有以下五个方面：

1. 区域资源状况

自然资源对产业结构的影响是显而易见的。自然资源的种类、数量、质量不同，其经济价值不同，对区域产业结构的影响程度也不同。例如，铁矿或石油资源储量大、质量好，则经济价值高，开发后对区域经济的带动影响大，就有可能形成以这两种资源开发利用为主的产业结构。

2. 区域产业结构基础与传统

区域原有产业结构基础和生产传统，对产业结构也有影响。一个区域现有的产业结构是从过去产业结构基础上发展演化来的，产业结构的演化并不是要对原有的产业结构基础进行摒弃、清除，而是要对其逐步改良、更新。因此，一个区域原有的产业结构基础与传统对现在、将来的产业结构有着不可忽视的影响。

3. 区域联系与区域分工

商业流通、资金融通、人才和劳动力的流动，以及技术的转移、信息的传递等，都是区域产业结构变动的重要影响因素。区域劳动分工对产业结构的影响也很重要。在市场经济条件下，劳动地域分工体现着协作、竞争和利益，它们可以使其他因素对产业结构的影响增强或减弱。

4. 技术进步

技术进步是产业结构变动的决定力量。技术进步除了一般意义上指生产领域各生产要素质量的提高及工艺流程、操作技巧等的改进外，还包括微观与宏观层面上的组织管理技术的改进与提高。技术进步影响产业结构变动的方式体现在：一方面，技术进步直接促进产业结构的成长；另一方面，技术进步通过扩大需求、改善供给、协调市场结构、提高政策决策水平这些一般因素，间接地推动产业结构的演进。技术进步促进经济增长的作用过程，实际上是指技术进步促进产业结构本身功能的不断优化而带来的经济增长量的扩大过程。可以这样认为，主要是技术进步在市场竞争的状态下通过市场需求，刺激产业进行有规则的扩张或收缩，从而促进产业结构的合理变动。

5. 需求结构

需求结构对产业结构的演变具有拉动作用。需求结构是反映人类生理特征有关的需要等级的先后次序的构成。它一般分为三个层次：以生理性需求为主导的需求；追求便利和机能的需求；追求时尚和个性的需求。需求结构的一个基本特征，是它对各类商品供给的丰裕程度具有不同的反应。因此，随着人均收入水平的不断提高，需求重点便会逐步向高层次转移。支出结构由购买吃穿为主，转向大量购买耐用消费品和服务。需求结构这一特征对产业结构演变有直接的拉动作用。

第二节 区域产业结构的演变与优化

一、区域产业结构的演进

随着经济的发展，区域产业结构会发生相应的转换和演变。所谓区域产业结构的演进是指区域产业结构依据经济发展的历史和逻辑顺序演变，不断达到更新阶段和更高层次的过程，即产业结构的高级化或高度化过程。这种结构变化不是随意的，而往往表现出一定的规律性。

（一）高服务化

从整个国民经济角度来看，产业结构由最初的第一次产业占优势向第二次产业占优势，再向第三次产业占优势的方向发展，这一趋势简称为高服务化。随着工业化的发展，首先是农业产值所占份额大幅度下降；然后是工业产值份额大幅度上升，并在产业结构中占有优势比重；进入工业化后期，工业产值份额下降，服务业产值份额持续上升，并最终占有优势比重。

（二）知识技术集约化

从资源利用的角度看，产业结构由劳动密集型产业为重心逐渐向资本密集型产业为重心，再向知识技术密集型产业为重心的方向发展，这一趋势称为知识技术集约化。这意味着劳动力、资本、技术等资源要素在经济活动中的地位和作用将随工业化发展而发生变化。

在工农业化初期，轻工业特别是纺织工业在工业结构中处于重要地位。在这一时期中，工农业资源结构中的劳动力居于最突出的地位，产业结构以劳动密集型为主。随着工业结构重工业化的进展，重工业中的原材料工业的地位将不断上升，而这些部门的发展，首要的条件是投入大量的资本，用于购买庞大的生产设备，像钢铁、石油、化工、有色冶金、煤炭及其他加工工业等，不进行大规模的投资是难以取得发展的。在工业化的这一阶段中，工业资源结构中的资本因素就显得更为重要，产业结构以资本密集型产业为主。进入工业化中后期，随着高加工度化的发展，技术又将取代资本的地位，成为对经济增长贡献最大的资源要素，这一阶段的产业结构以知识技术密集型产业为主。

（三）产业结构高度化

产业结构高度化也称产业结构高级化，是指一国经济发展重点或产业结构重心由第一产业向第二产业和第三产业逐次转移的过程，标志着一国经济发展水平的高低和发展阶段、方向。

从产业结构的结构比例看，高度化有三个方面的内容：①在整个产业结构中，由第一产业占优势比重逐级向第二、第三产业占优势比重演进，即产业重点依次转移；②产业结构中由劳动密集型产业占优势比重逐级向资金密集型、技术知识密集型占优势比重演进，即向各种要素密集度依次转移；③产业结构中由制造初级产品的产业占优势比重逐级向制造中间产品、最终产品的产业占优势比重演进，即向产品形态依次转移。

从产业结构高度化的程度看，高度化有四个方面的内容：①产业高附加值化，即产品价值中所含剩余价值比例大，具有较高的绝对剩余价值率和超额利润，是企业技术密集程度不断提高的过程；②产业高技术化，即在产业中普遍应用高技术（包括新技术与传统技术复合）；③产业高集约化，即产业组织合理化，有较高的规模经济效益；④产业高加工度化，即加工深度化，有较高的劳动生产率。

二、区域产业结构的优化

区域产业结构优化就是区域产业结构趋向合理，对不合理的区域产业结构不断调整的过程。从本质上来说，产业结构的协调，就是指产业间有机联系的聚合质量，即产业之间相互作用所产生的一种不同于各产业能力之和的整体能力。

（一）区域产业结构优化的判断标准

区域产业结构优化有非常严格的衡量标准。合理的区域产业结构标准是由产业结构的特性决定的，而产业结构是一个相互制约、相互促进的有机整体。所以，要评价一个区域的产业结构是否优化必须采取相互联系的指标体系，进行综合性、系统性的分析。判断区域产业结构是否优化主要有以下标准：

1. 是否充分合理地利用自然资源

自然资源是产业的物质基础。产业的形成和发展都不可能脱离物质基础，只有充分合理地利用自然资源，才能取得最佳的经济效益。自然资源一般都具有多用性，合理的产业结构就能充分利用这一特点，生产多种产品。自然资源有三类：第一类是流失性资源，如太阳能、风能、潮汐能等；第二类是可更新资源；第三类是不可更新资源。流失性资源不管人们使用与否，都照样流失，因此应努力地开发利用。可更新资源利用得好，能保持其再生能力，做到循环使用，这是一种合理的利用。但是如果对可更新资源的利用是毁灭性的，使其丧失了再生能力的条件，那可更新资源也会枯竭。对于不可更新资源应选择好的时机，提高投入产出比，尽可能高效利用，使地区优势充分发挥，从而取得最佳经济效益。

2. 各个产业发展是否协调

对于合理的区域产业结构来说，各产业之间应该是协调发展的，具有结构的整体性。各产业在发展中能相互创造条件，形成良性的经济互补关系，推动各产业在生产、分配、交换、消费各个环节间的和谐运动。各产业部门之间，在质上相互依存、相互制约；在量上按一定的比例组成，形成产业有机整体。合理的产业结构不能存在"瓶颈"产业与过剩产业。

3. 是否能及时提供社会所需的产品和服务

合理的产业结构应能及时提供社会所需要的产品和服务，具有应变能力，能最大限度地满足社会需求。产业结构的应变能力是指各产业根据经济发展和市场变化具有的一种自我调节能力。合理的产业结构应能适应社会需要，因为任何社会生产都要受到社会消费需要的制约。社会需要不是静止的，而是变动的，它会随着劳动生产率的提高、人民收入水平的增长而不断变化。因此，合理的产业结构也需要随着社会需求的变化而调整。为了适应这一变化，要有多层次的反应灵敏的信息网络，及时预测市场需求的变化。

4. 是否取得了最佳的经济效益

合理的产业结构应能获得较好的经济效益，调整产业结构的目的就是为了提高经济效益。因此，取得最佳的经济效益是产业结构合理化的重要标志。在一定的条件下，如果经济效益不好，产业结构肯定不合理。最佳经济效益就是要注意劳动耗费与有效成果的比较，争取用最少的劳动耗费，取得最大的有用成果。合理的产业结构与经济效益的提高是互为因果、相互影响的，即产业结构的合理化会促进经济效益的提高；反过来，经济效益的提高也有助于产业结构的合理化。合理的产业结构能较好地发挥自然资源、经济资源的优势，做到人力、物力、财力、自然资源、科学技术等因素充分而合理地使用，避免由于失调而造成巨大浪费和损失；而经济效益的提高会节约劳动时间，为产业结构趋向合理创造条件。经济效益应是宏观效益与微观效益的统一，是长期效益与短期效益的统一，那种只顾微观效益和短期效益的做法，会危害产业结构的合理化。

5. 国际成熟技术是否得到合理开发与利用

合理化的区域产业结构应该能够合理开发和利用国内外的成熟技术，能够充分吸收当代最新科学技术成果，改善人类的劳动与生活环境条件。人类劳动的最终目的是人类自身的生存，科学技术是人类利用自然、改造自然的强大力量。只有充分利用科学技术成果，才能使人类的生活环境与劳动条件获得最大的改善。如果一种产出结构对人类已取得的科学技术成果没有充分利用，则说明这种产业结构是低级落后的，当然也是不合理的。

6. 能否充分开展区域间的分工合作

随着经济全球化的发展，充分合理利用区域间的分工合作是提高劳动生产率、促进经济发展的一条捷径。因此，合理的产业结构应该与合理的外贸结构结合起来，充分发挥区内优势、充分利用区外市场，不断扩大输出、出口。

7. 生态环境是否能够得到保护

合理的产业结构应该是可持续发展的，对生态环境没有破坏作用或对生态环境的保护有利。那种只顾经济效益、不顾生态环境的发展方式会极大地恶化人类的生存环境，应该予以警惕和制止。人类社会要想延续下去，使子孙后代也得到发展的机会，产业结构就必须不损害生态环境。

（二）区域产业结构优化的实质解读

优化区域产业结构是区域经济发展进程中一个永恒的重要话题。所谓区域产

业结构优化,是指利用各种方法尽可能使区域产业结构趋向最优配置的过程。区域产业结构优化过程的实质表现为以下方面:

第一,准确选择区域的主导产业,合理确定其发展规模和速度,协调主导产业与非主导产业的关系。

第二,建立以主导产业为核心的、各产业协调配套及高效运作的区域产业体系。

第三,对外突出区域主导产业的发展优势,提高与区外经济的互补性;对内提高区域各产业间的关联度与协调性,形成区内区外经济发展的良性循环。

第四,把握区域产业结构的内在变化,积极扶持潜在主导产业,促进产业结构顺利适时地转换,使区域产业结构最优化。

(三)区域产业结构优化的具体策略

在战略和策略上,区域产业结构优化应从以下三大方面入手:

第一,准确选择、优先发展主导产业。区域主导产业的选择准确与否,是事关整个区域经济发展成败的重大决策。主导产业一经确定,即应力保其在投入、政策上得到优先重点发展,使之超前启动,有效地担负起在全国地域分工中的重任,并增强其带动经济发展的辐射力。

第二,协调主导产业与非主导产业的关系。与主导产业关系最密切、最直接的辅助产业在发展上应尽可能地与主导产业形成配套;在建设时序上应尽可能地与主导产业相衔接;在建设规模上应尽可能地与主导产业相适应。基础性产业是区域生产、生活和社会正常运行的基本条件,应积极创造条件,力争在区域内达到平衡,以形成对区域主导产业和辅助产业的强有力支持。

第三,积极扶持潜在主导产业,促进区域产业结构及时合理转换。区域产业结构优化是一个动态概念。潜在主导产业(简称潜导产业)代表了区域产业未来的发展希望。应结合区域的具体经济发展状况与条件,选择有巨大发展前景的新兴产业作为潜导产业,在资金、技术、人才诸方面大力支持,促进其壮大发展。在原有主导产业不合时宜、进入衰退期后,潜导产业应及时接替,成为新的主导产业,建立起新的、合理的区域产业结构。

第三节　高职教育与区域产业结构的互动

"高职教育与区域产业结构的互动关系涉及了三方主体，即国家、高等职业院校和市场（企业/行业）"[1]。政府通过制定政策、制度和法律法规来监督、引导和保障高职教育的发展。这些政策和法律法规必须起到一定的约束和限制作用，不能太宽泛，且要改变对高职院校管得较死的现状，像专业设置、招生规模等应由市场而定，放权给院校。同时，也要给予企业等适当的优惠政策，如减税、允许赢利，增加企业参与高职教育的积极性。企业/行业和高职院校承担办学主体角色，高职院校是企业或行业培养技师和其他技术型人才的基地。因此，企业或行业与其抱怨毕业生不符合要求而进行内训，不如直接参与高职教育，引导其培养方向，进行产学研合作。社会团体作为利益不相关的第三方来主持各方与高职院校的合作，并承担协调、管理和监督的职责。

产业结构指生产要素在各产业部门间比例构成和它们之间相互依存、相互制约的联系。对于任何一个国家或地区，其产业结构总是向合理化与高度化方向发展，从产业结构演变、产业转移、产业布局到产业融合，完成了产业结构变化的一个周期。产业结构与高职教育之间互动关系的形成，是以就业结构、人才供需结构为纽带的。高等职业教育是以就业为导向的，其办学目的即是为了提高职业能力，从而促进就业。产业结构演变调整，使得人力资源发生转移，技术结构也相应变化，随着劳动力市场的调控，形成了新的就业结构，人才供需得到调整，促使高等职业教育谋出路，求发展，适应产业结构的优化升级，不得不培养"适销对路"的人才，形成新的人才供需结构，与就业结构大致吻合。这样，产业结构对人才的需求与高等职业教育对人才的供给在就业处得到统一。

伴随着产业结构的优化升级，高等职业教育专业结构、人才培养模式、形式结构、师资结构、布局结构等均会随着其变化而改变。通过对产业结构和高等职业教育发展特点、规律的探讨，借鉴并改进粗放模式，形成更为细致、全面的互动关系。

---

[1] 沈陆娟.高职教育与区域产业结构的互动研究[J].职教论坛，2010（27）：11.

一、高职教育规模、层次与产业结构的互动

互动关系主要从产业结构演变、产业转移、产业布局三方面与高职教育规模和层次结构的互动来阐述。

第一，产业结构演变中，无论在制造业还是在服务业中，技术含量增大，劳动复杂程度提高，新兴职业不断涌现，需要大量具有知识和熟练技能的复合型创新人才，而这类人才必须依靠高等职业教育培养。这就说明符合实际发展规模是需要的，但不是追求利益的无限制扩大。产业结构演变对人才需求的层次会不断地上移。我国目前高职教育大多限于专科层次，本科层次很少，更没有研究生层次的高级技术应用型人才。为了推动产业结构合理化、高度化发展，关键之一就是要解决高职办学规模和层次的问题，改进人才供需结构。反之，一旦高职规模和层次与产业结构水平相适应，劳动者素质满足了产业发展的需要，就会推动产业结构优化升级。

第二，产业转移既包括国际产业转移也包括区域产业转移，转移结构呈现高度化趋势，高技术产业、金融保险业、贸易服务业、信息业等都是重点转移领域，且区域内的转移超过区域间的转移。无论是产业转入区还是转出区，都将会提升区域产业结构水平，而产业结构水平的提升、结构的合理化必然需要高等职业教育在规模和层次上改变与之相适应，协调发展，从而真正做到相互促进。

第三，区域产业布局呈现产业集群和产业扩散的效应。以产业集群为例，产业集群是一组在地理上靠近的相互联系的公司和关联的机构，它们同处或相关于一个特定的产业领域，由于具有共性和互补性而联系在一起。产业集群具有专业化的特征，又可称"企业集群"。具有传统优势的产业集群经济必须进行结构调整和优化，获得新的优势。这就对企业从业人员的素质提出了新的要求，劳动力市场的突出问题表现在结构失衡，面对这巨大的人才缺口，进行高等职业教育培训，适度扩大规模，提高教育质量，推动高职教育的层次提高是突破此类问题的瓶颈。

高职教育规模和层次跟不上产业发展的需求，则会阻碍产业健康快速发展；若层次过于偏高，则会导致教育"过度"。

二、高职教育形式结构与产业结构的互动

高等职业教育的形式结构从巴洛夫倡导的学校形态，到福斯特所支持的非正规的高职教育培训，突破了传统。

（一）产业结构演变与形式结构的互动

知识经济的到来、信息技术全球化使产业结构演变的周期缩短。当劳动力市场供大于求或供求饱和情况下，学校规模教育不仅不能缓解人才市场的需求，而且还会带来结构性失业。故只有高职院校及时完善自身的形式结构，增加各类培训等，保持与企业、行业等产业部门的密切联系，才能避免人才供求关系上的"马太效应"，加速产业结构的演变升级。

（二）产业布局与形式结构的互动

企业集群规模大，人才需求数量大，需求人才的专业结构和层次结构同质性高，这也为开展职业技术培训提供了条件。企业淡季时有富余的一批劳动者，可进行短期职业技术培训，避免了教育资源和资金的浪费。高等教育的形式结构要适应产业结构的发展，加强与企业联系和合作，走学历教育与非学历教育并举，职前教育、在职教育、转岗转业教育协调发展的道路。如澳大利亚就有各类实用性、针对性强的高等职业教育机构，包括TAFE学院、私营培训机构、企业培训机构等，相互补充，相得益彰。反之，通过高职教育培训，不断地补充和提高职工的科学技术知识和业务水平，满足了企业的需要，提高了劳动生产率，适应了不断更新的技术设备和工艺过程的需要，促进了产业布局的集聚并扩散，达到合理布局。

三、高职教育专业结构与产业结构的互动

（一）产业结构演变与专业结构的互动

随着产业结构的演变升级，三次产业及内部发生结构上的变化，社会分工更专业化，新岗位不断产生，人才需求的类型和规格呈现多样化的趋势，最终导致高等职业教育的专业结构发生变化。在结构调整上，既要考虑办学的超前性，又

应考虑区域产业结构发展的特点，通过自身结构的优化，促进产业结构高度化演变，更好地服务于区域经济的发展。

（二）产业转移与专业结构的互动

无论是区域间的还是区域内的产业转移，都相当于有新兴产业加入这个地区，必然需要与之相对应的高技能复合型人才。区域内的高职教育根据其人才培养目标，马上认识到必须培养与新产业相关的人才，故专业结构调整、新专业设置势在必行。

（三）产业布局与专业结构的互动

以产业集群为例，专业结构优化的总体方向必须满足区域集群经济升级换代所需要的各级各类人才的需求，在我国产业集群经济发展下，尤其是东部沿海区域应大力培养营销、管理、外贸和物流人才。另外，集群人才稳定、量大、同质性的特点为高职教育机构开设适合集群企业所需专业提供了可能。例如，德国汉诺威高等专业学院的专业设置，根据其所在的萨克森州森林多、地势平坦、河流多的特点，汉诺威高专设立了建筑学、土木工程学和生物处理技术等10个大学科，体现了高等专业学校专业设置与当地经济结构和产业特征的一致性。

（四）产业融合与专业结构的互动

产业融合可以分为三类：一是高新技术的渗透融合，即高新技术及其相关产业，向其他产业渗透、融合并形成新的产业，如网络电话产业；二是产业间的延伸融合，即通过产业间的功能互补和延伸实现产业融合，如汽车电子信息产业；三是产业内部的重组融合，如工业、农业、服务业内部相关联的产业通过融合提高竞争力，适应市场新需要。经过产业融合后，提高了原产业的复杂程度，更能产生新产业。因此，迫切需要高职院校立足自身的定位和培养目标，接受并适应产业融合的结果，调整原有的专业结构，舍弃过时专业，扩大社会需求量大的已有极缺专业的规模，设置区域经济急需的新专业，如水利院校可设置与观光水库、水利相关的专业。

新专业设置的方向与产业结构的升级具有一致性。与社会对人才需求的变化速度相比，专业结构更具稳定性，更何况现在培养的是复合型人才，不同专业间可部分替换，专业结构与产业结构间的互动非绝对。

四、高职人才培养模式与产业结构的互动

（一）产业结构演变与人才培养模式的互动

英国在过去半个多世纪，产业结构调整，从制造业向服务业转移，从而职业结构从体力劳动向非体力劳动转变，要求雇员的关键技能方面存在明显差异，除了专业技能外还强调交流、解决问题、信息技术、综合管理能力，故英国立足自身，改革闻名的现代学徒制，逐步取消年龄限制，强化关键能力学习。由此生动实例可知产业结构演变，将会改变就业结构，对就业人员提出更高要求，从而高职教育必须相应改变人才培养模式。反过来说，高职院校改革了人才培养模式，注重产学研结合教学，提高学生的关键能力，沟通了职业教育和学术教育，培养出的人才才能受到企业欢迎，为产业结构高度合理化演变作出贡献。

（二）产业布局、融合与人才培养模式的互动

产业集群和融合是未来产业发展的趋势，需要大批掌握高技能、多学科的创新人才，并提供了良好的创业环境、创新网络，有助于提高人才的持续竞争能力。为适应这种变化趋势，高职教育必会建立与企业沟通合作的机制，共同确定专业设置，并在师资、技术、设备、信息等方面开展合作与交流。大力开展"订单式"培养模式，充分整合优势教育资源，真正实现校企供求关系的零距离对接，共同培养适应产业集群与融合的高技能人才。同时，改革传统人才培养模式，也是提高科技成果转化率，实现企业自主创新、科技创新和可持续发展的关键，从而促进产业集群和融合加快发展。

五、高职教育师资结构与产业结构的互动

（一）师资结构与产业转移的互动

师资结构是指教师中学历结构、年龄结构、性别结构以及资历结构等诸因素。区域产业转移，会有新兴产业出现，或许会有传统产业淘汰，这必然会影响就业结构，导致人才供需出现不平衡。高职院校凭借敏锐嗅觉开发新专业，建立

新的课程体系，就迫切需要具备该专业精深理论知识和精湛技术的教师，无论是在职教师培训、进修攻读学位，还是引进学科带头人、骨干教师，都会使高职的师资结构发生变化。反之，现有的师资结构必须承担培养技能型人才的重任，适应产业结构需要，达到新的平衡点，从而促进产业结构的优化升级。

（二）师资结构与产业布局的互动

以产业集群为例，集群企业的同质性人才不利于人才素质结构互补优势的出现。因此，高职教育机构应大力引进全国各地优秀教师资源，发挥人才的杂交优势，以提高人才培养的质量，同时大力提高双师型教师比例，使师资结构更为合理。当然，若出现以双师型教师为主，兼职教师和企业技术人员的辅助教学这样一个新的师资结构，必然会弥补企业/行业人才同质性的不足。

六、高职教育布局结构与产业结构的互动

（一）布局结构与产业转移的互动

高职院校大多集中在发达地区或中心城市，偏远城市较少。对于这些经济较落后的地区，从外部转入的产业将会刺激当地经济的发展，从而增加对职业技术人才的需求，这就促使高职教育在落后地区产生。高职教育培养出的技能型人才为区域经济作出贡献，经济的复苏将会吸引更多的产业转入，并有一部分产业转出，辐射到周边地区，摆脱经济落后面貌。

（二）布局结构与产业布局的互动

产业聚集过度常成为促成扩散的契机，而只有适当扩散才能保证产业聚集规模适度、结构优化。以产业集群为例，高职院校应该充分考虑集群经济需求，在经济集群区域设立分校或者教学点，以满足集群经济对人才的需求。鉴于区域产业集群的特点，合理规划高职教育布局结构，区域内的高职教育机构可以组成职教集团，科学分工，达到资源共享的目的。职教布局结构的优化，将改变企业人才的同质性不足，提供不拘一格的人才类型，便于与就近企业合作与交流，促进集群企业的规模发展，并适当扩散。

（三）布局结构与产业融合的互动

产业渗透、延伸及重组使传统的产业边界模糊化，新产业不断涌现。现代网络技术通过产业渗透方式，与传统的教育业进行融合，产生了远程教育、网络教育等新教育模式。远程教育、网络教育是以现代教育技术为基础的多媒体教学，使学生和教师在时间和空间上分离，突破了传统教育的地域限制，克服了传统职业教育的空间局限性的缺点。中西部偏远地区、农村地区可以通过远程教育、网络教育分享东部发达地区、城市地区的优质教育资源，对传统的高职教育区域分布产生深远的影响。高职教育布局结构合理化也将会进一步地促进产业间的融合，相信未来的新兴产业将会与教育业更紧密地结合，共创美好明天。

综上所述，高等职业教育与区域产业结构的良性互动，取决于高职院校对市场的反应灵敏程度，也不能忽视企业/行业（产业界）的参与。构建二者间的互动关系，有助于区域产业结构与高职教育互动战略的实施，有助于使政府部门、企业/行业、高职院校、社会团体认识到合作的重要性，促进产业界与高职教育界的交流与合作，实现双赢。

第四节　基于产教融合与校企合作的人才培养

"在我国社会经济发展的过程中，职业教育起到了培养人才、输送人才的重要作用，能够更好地缓解当前劳动力密集和岗位需求之间的矛盾，更好地促进社会经济的发展"[1]。产教融合与校企合作是对职业教育培训体系的有效完善，也是建立健全现代职业教育体系的重要途径。产教融合就是产业与教育之间的融合，校企合作就是学校和企业之间的合作。但是产教融合并不代表教育会变成一种产业，两者不会也不可能形成一个整体，但是两者会深层次渗透：通过产业扶持可以更好地发展职业教育，通过职业教育可以更好地服务产业发展。产教融合与校企合作两者之间是相互扶持的关系，通过两者深度发展能更好地为社会、企业培养优秀的人才，不仅可促进学生就业问题的解决，而且能够及时为企业输送人才，促进企业发展。产教融合与校企合作协同创新人才培养模式是时代发展的产物，是市场运行机制下催生的新的办学模式，通过这种模式能培养出与时代发

---

[1] 贺凌霄，李动. 产教融合与校企合作人才培养运行模式探究[J]. 职业，2021（6）：32.

展相吻合的实用型人才。

一、基于产教融合的人才培养

人才培养模式是以培养目标、教学理念为指导思想，通过严格的程序，以先进、科学的教学方法对教育者进行信息的传递，从而达到受教育者知识的提高。现今的人才培养模式是从理念、过程、方法三个角度来实现育人目的，以期达到教育与劳动生产高度的结合，从而做到知行合一。高职院校人才培养模式是以现代职业教育理论为指导，合理设置专业、对课程进行科学的制定与安排、设计合理科学的教学模式、优化学校的管理制度、制定科学的保障机制，来完善人才培养的体系。

（一）产教融合人才培养的作用

第一，地方高职院校人才培养的需要。高职院校的学生来源与就业质量直接相关，学生来源的质量在一定程度上影响着高职院校的毕业生的就业率的高低。就业质量的好坏往往与生源的好坏呈正相关，一个学校能否顺应时代发展，取决于该学校对社会的贡献值。提升高职院校的就业质量对于一个高职院校的发展至关重要。实践检验真理，进行人才培养时需要因材施教，理论联系实践的教育才能提升学生毕业之后的职场能力。高职院校应联系市场需求对学生制定培养方案、规划培养方向、制定人才培养目标，同时合理地对教学资源进行配置和准确的教学评价，也对高职院校能否培养出高素质人才投入市场至关重要。学校与企业进行深度合作培养学生，积极主动与市场对接，对市场需求进行调研分析，以产教融合为着手点，能够科学有效地推动高职院校教育体系的转变，进而改进职业院校的人才培养模式。充分发挥出各地方高职院校的优势，化逆势为优势促进地方产业经济的发展。

第二，地方区域经济发展的需要。技能技术型人才对于一个地方的经济发展尤为重要，高职院校是为各地方输送技能技术型人才的主要途径。因此，地方高职院校与该区域的经济发展是互利共赢的，双方相互扶持、相互协助。所有企业都迫切需要具有高职业技能的人才来帮助企业快速发展，就目前人才市场的结构来看，高职业技能型人才较为缺乏。机遇即是挑战，各大高职院校急需尽可能多地了解所在城市的经济发展结构和发展状况，结合了解到的信息发挥自己特长制定自己独特的教学方针，落实相关的教育模式，为地方企业源源不断地输送具有较高职业技能的人才，做到校企之间互利共赢，同步发展共同进步。通过产教融合的理念、校企合作的方式来实现高职院校技能应用型人才的培养，是我国高职教育必经的过程。

（二）产教融合人才培养的要求

第一，产教融合对人才培养理念的要求。首先，"产教融合要求高职院校培养的人才不再局限于对理论知识的掌握，而是做到将理论知识能很好地运用到实践过程，将理论与实践有机结合"[1]。高职院校本身具有职业属性，所以在培养人才时应以职业技能为导向。学校和企业在共同育人时，产教融合的理念应该贯穿于整个教学过程，做到将理论知识与实践相结合，教育与产业相结合，人才与市场需求相结合。其次，高职院校对学生的培养理念应该建立在市场需求上，以市场需求为导向培养的人才是产教融合所提倡的；同时还要注重学生的综合素质和自我学习能力的培养，使其能很好地适应市场需求的变动。

第二，产教融合对人才培养过程的要求。首先，产教融合要求专业的设置应该符合产业发展的需求，学生所学专业能够与产业发展需求相对接。学校需要积极主动调研、预测市场的需求，根据具体情况，分类设置专业培养人才，并根据市场变化，动态调整。其次，教学内容要注重理论课程与实践的结合，实践课时至少占理论课时的一半，使学生学到的理论知识能及时、有效地转变为实践技能。此外，学校应该在政府的牵头引导下，与企业积极合作共同制订培养人才的计划，安排好学生的实践。再次，产教融合要求高职院校建设一批"双师型"教师来培养人才。"双师型"教师的建立，对提高人才培养的质量起到了重要作用，各高职院校应加大、加快"双师型"教师的建设，培养出理论与实践相结合的应用型人才。最后，在人才培养质量评价考核方面，应该以多维度的层面来考核，摆脱过去传统单一的考核方式。评价维度可以从政府、学校、企业三方面分别来考核，从而实现产教融合的要求。

第三，产教融合对人才培养方法的要求。首先，高职院校要与企业共同商定制订人才培养的方案，该方案要注重学生的实际比重，让学生在课堂教学之后能及时地将理论运用到实践中，做到知行合一。其次，校企共同合建实践基地，共

---

[1] 魏振东. 产教融合背景下高职院校人才培养模式创新研究[D]. 昆明：云南大学，2019：16.

同开发人才，由过去单一的教学方式向多元的教学方式转变，以政府为主导，积极构建校企合作育人平台，实现资源共享机制。最后，健全政府保障机制，以此来保障地方高职院校和企业合法、有效、稳定地培养人才。

（三）产教融合人才培养的模式

1."2+1"人才培养模式

第一阶段，学生在学校学习两年的理论知识，培养自身的综合职业素质，学校以课堂的形式传授学生专业知识，时间为两年；第二阶段，学生在学校获得了专业理论知识后，去企业实习一年，在相应的岗位进行培训，将所学的理论知识进行实践，企业给予学生相应的劳动报酬。一年以后，学校对学生的学习情况进行考核和毕业评定，并对其进行就业指导。

学生在企业的实习属于"顶岗实习"，学生不是在学校的实训基地实习，而是到企业，跟企业的员工的工作要求没有区别，学生和其他员工一样，也要遵守企业的规章制度和工作要求，有自己的工作细则。在企业实习的一年里，学生能够不断练习在学校所学到的专业知识，在实践过程中将其掌握，以实践验证真理。这种培养模式让学生毕业后能迅速满足企业的需求，减少毕业生的实际工作能力与岗位要求不对接的问题。

"2+1"培养模式能够将学生在学校学到的专业知识与实践相结合，提高学生对职业技能的掌握能力。这种能力不仅包括学生的理论知识的熟练度、综合职业技能，还包括多问题的处理能力以及将知识转化为生产力的能力。这种培养模式与传统的教科书培养模式不同，它培养的是学生知行合一的能力，通过在企业的实训，学生能够快速掌握企业的工作要求，从而提高培养质量与就业率。

2."产学研"人才培养模式

"产学研"是职业院校实现产教融合、校企合作育人的一种较为理想的模式，这种模式在高职院校中应用较为广泛，这种培养模式的目标是将学生培养成为实践操作能力强、具有较高职业素质能力和核心竞争力的人才。学校和企业共同商定人才培养方案，制订的方案以企业需求为主，来确定教学目标。此培养模式能够结合学校与企业双方的资源，优势互补地为学生提供教学场地与教学资源，整个培养环节中，企业能够参与进去。"产学研"这种人才培养模式，之所以能广泛被高职院校应用，是因为它使得高职院校在专业设置、课程安排、教学内容等环节更符合企业的需求。也就是说在这种模式下培养的人才是企业所需要的，不存在企业和人才供需不对接的情况。"产学研"这种模式，要求企业为学生提供实际场地，模拟工作环境，从而使学生的课堂理论知识与实践技能有机结合，让学生做到知行合一，提高理论知识转化为实际生产力的水平。

3."订单式"人才培养模式

"订单式"人才培养模式是积极合作，共同研究并制定人才培养方案。学生和企业签订用人合同，学校和企业在技术、师资、实践产地等方面进行合作，校企双方共同招生并对其培养，毕业的学生能够直接到该企业就业的一种人才培养模式，且企业为培养的学生给予一定的补贴作为支持。这种人才培养模式建立在学校和企业相互信任的基础上，校企双方的合作具有自愿性，一旦企业愿意主动与学校合作育人，那么这种模式能够促进对学校人才培养的积极性。"订单式"培养模式能够和用人单位，也就是企业的需求对接，以企业需求为培养导向，从而提高高职院校毕业生的就业率，此种模式得到了社会和学校的广泛认可。但目前高职院校在用"订单式"培养人才的过程中，校企双方的地位很不平衡，学校对企业的了解也够深入，这种模式有待提高。

4."工学交替"人才培养模式

"工学交替"人才培养模式的基本特征是，学生到学校后，第一学期首先在企业进行实践学习，企业负责传授学生基本的专业知识以及给学生进行入学教育，并让学生轮岗实践，在不同的技术岗位实践学习。第二、四、五学期学生在学校接受老师所传授的课堂理论知识。在第三学期学生又到企业进行全顶岗的实践学习。等到第六学期，学生能够独立上岗，学校和企业要求学生在此学期上岗进行毕业实践并完成毕业设计。"工学交替"这种模式不仅能够让企业参与到学校的人才培养整个过程中来，这种参与是全方位的，包括培养方案、教学计划、实践环节、考核标准等，而且学生在这种模式培养下具有双重身份，即"员工"和"学生"，将课堂知识与企业要求的实践技能更好地衔接起来。

（四）产教融合人才培养的途径

1. 树立产教融合人才培养理念

产教融合的教学要求是将传统的教学要求和技术能力，提高到相同的水平层面上来，而不是过于依赖某一方面的成效。这种认知意识无疑将影响高职院校产教融合的开放和推动过程。所以，在高职院校开展产教融合一体化的进程中，应该不断地提高自身的意识。各地区高职院校也应该积极地开展与企业互动合作的项目，促进传统的教学方式向开放式教学方式的转变，使产教融合的理念贯穿于整个教学过程。让学校的教学管理系统依托在当地企业的市场经济发展趋势中，开辟出更多的"培训基地"和"岗位实习机会"。让高职院校的学生在适应当地发展规律的同时，不脱离学校的教育，还能与社会接轨，让学生具备社会适应能力和岗位竞争能力，让高职院校真正走上产教融合的发展道路。

2. 转变教师育人与教学的观念

高职院校在培养学生的过程中，一定要积极转变教师的教学育人观，为高职院校的发展创出一条更科学、更高效的道路。高职院校教师教学观的转变能够真正影响到学生的发展，因为，产教融合的理念下，教学内容的选择和教学等工作都需要教师来完成。在这一过程中，教师采用产教融合一体化教学的方式，直接影响了高职院校培养新型人才的质量。由此可见，在产教融合的理念下，教师教学观念的转变是提高教学质量和培养新型人才的关键。高职院校的教师主要应该从以下两方面开展其培养高质量人才的教学工作：

（1）高职院校的教师应积极地深入到地方企业和行业等单位中去，这样才能摸索出这些用人单位对高职院校学生的需求特点。然后，根据这些需求特点，将其直接转化为课堂教学内容，以提高高职院校学生适应社会和适应企业为目标，培养学生运用相应的理论知识和实践技巧。教师要做到有针对性地规划教学内容，培养出有竞争力、适应企业的专业型人才。

（2）教师在其教学过程中，必须有意识地把理论和实践紧密结合起来。教师应当根据当地企业的需要，以适应学生就业发展趋势的理论为导向，改变教学理念，将相关学科的重要知识整合并简化。这样学生就可以拥有高质量的素质技能和理论知识，以便适应学生在未来就业过程中的各种相关工作，避免单一的就业状况，从而实现终身受教的培养目标。

3. 以培养复合型实用型人才为目标

高等职业院校教育的发展核心是人才的培养，它也是高职院校是否具备强有力的竞争力的具体表现。目前高等职业院校就是以培养出适用于市场的专业技术型人才为目标，但是这样的方式过于强调专业化，近似于就业教育。根据我国各地方的产业需求，不少企业所需要的人才不是单一型的专业技能型人才，而是复合型的人才。因此，在高职院校的人才培养模式中，更应该着眼于学生综合素质的培养，把学生培养成全方位的发展型人才。这样全方位的人才，不单一地需要掌握专业技能，还需要有其他学科的基础知识、对事物认知能力和自我更新的能力。从当今的社会需求来看，高职院校人才的培养一般都是面向生产、服务和管理的第一线，所以，这就要求高职院校的人才培养必须是从多方位、多角度出发。此外，当今的社会是一个变化的社会，企业的需求也是多变的，高职院校培养复合型的人才能够使学生在今后的工作中终身适用。

4. 以顺应服务地方产业发展为主导

地方高职院校培养出的人才主要还是服务于地方产业，而地方产业的发展又能带动高职院校的发展。这样递进的关系，可以在一定程度上讲，两者相互依存，共同发展。因此，地方高职院校的人才培养目标需要审时度势，适应地方产业的发展，这样才能使地方高职院校和地方产业共同发展，达到更优的结果。

（1）产业的发展高度决定了高职院校培养人才的程度，地方产业发展越好，地方高职学校的培养条件越好。地方产业支撑着地方高职院的发展，如果没有地方产业作为支撑，那么高职院校的发展也会受到影响，所以，大力发展地方产业，能给地方高职院校带来良好的发展条件。例如，学生能够在产业中进行良好的培训，获得最先进的理念和技术。

（2）好的地方产业的企业文化、发展理念和发展目标都影响着地方高职院校的办学目标，科学的产业发展观念会自发地带动和影响地方高职院校的指导思想，地方产业的需求特点也影响着高职院校的专业设置计划。确切而言，地方产业需要怎样的人才，地方高职院校就会为这些产业培养出适合需求的人才，这样既可以保证高职院校学生的就业要求，也能保证企业获得需求的人才。地方企业的需求特点催生了高职院校与产业需求相关专业的设置，地方产业的特点决定着地方高职院校专业的特点。这样的催生，形成了不同的就业岗位和就业机会，推动着高职院校人才培养的构建，形成地区独特的高职院校。

（3）地方产业的科学发展推动着高职院校的科学发展，地方产业的经济运转需求，引导着高职院校的人才培养模式。反之，若地方经济发展水平不够、科技含量较低，那么地方高职院校在专业设置上就会相应地减少，科技发展水平也会逐渐降低。地方产业发展迅速，需要的人才也会是高质量、高水平和高技术的人才，地方产业的技术需求引领了高职院校对人才培养的要求。不同地方产业的需求影响着不同地区的高职院校人才培养模式，地区经济的种类集结引导着高职院校不同专业的培养力度，使其成为具有地区特色的高职院校。所以，地方产业发展迅速、发展良好，可以推动高职院校快速发展，无论学校采取怎样的培养模式，都应该顺应地方产业的发展趋势和要求。

二、基于校企合作的人才培养

（一）校企合作人才培养的意义

校企合作人才培养的意义在于将教育与实际工作紧密结合，为学生提供了更多的职业机会，同时也有助于教育机构更好地满足市场需求，促进行业的进步和发展。这种合作关系为各方带来了双赢的局面，是现代教育体系的重要组成部分。校企合作人才培养的意义主要表现在以下方面：

1. 利于实际技能培养

实际技能培养是校企合作中的一个关键方面，对于学生的职业发展具有深远的意义。这一过程不仅使学生能够将课堂学习与实际工作环境相结合，还为他们提供了宝贵的机会，使他们能够提前掌握所需的职业技能。

（1）校企合作为学生提供了与专业领域内的实际问题和挑战打交道的机会。这种实际工作经验不仅可以加深他们对所学知识的理解，还能够培养解决问题和应对挑战的能力。例如，在中餐烹饪专业中，学生在实际厨房中工作时，需要处理食材的选择、烹饪过程中的调整以及食品安全等方面的问题。这些经验对于将来的职业生涯非常宝贵，因为他们能够更自信地应对各种挑战。

（2）实际技能培养通过反馈和指导帮助学生不断提高自己的技能水平。在合作企业的实习中，学生通常会受到来自行业专业人士的指导和评估。这种反馈可以帮助他们发现自己的弱点，并提供改进的方向。通过与导师的互动，学生能够逐渐精进技能，变得更加熟练和专业。

（3）实际工作经验还有助于学生培养职业素养。他们学会了如何与同事合作、如何有效沟通、如何管理时间和资源，以及如何在压力下保持冷静。这些素养在任何职业中都是宝贵的，因为它们不仅影响着工作表现，还影响着职业晋升和成功。

（4）实际技能培养提供了学生进入职业市场的竞争优势。毕业生通常会发现，拥有实际工作经验的简历在雇主眼中更具吸引力。这不仅增加了他们找到工作的可能性，还为他们的职业生涯提供了更广阔的发展空间。

2. 增加学生就业机会

校企合作为学生提供了珍贵的就业优势，通过建立联系、积累实际经验以及获得直接的就业机会，帮助他们更顺利地迈入职业生涯。对于合作企业而言，这也是一种有效的人才招聘和培养策略，实现了双赢局面。因此，校企合作在今天的教育和职业发展领域中具有不可估量的重要性。

首先，校企合作允许学生在实习、项目合作或工作坊等形式中与企业建立联系。这些联系提供了一个平台，使学生可以展示他们的技能和才能，同时也能够更深入地了解企业的需求和文化。通过这种互动，学生逐渐建立了与潜在雇主的关系网，这对于未来的职业发展至关重要。其次，合作企业往往更愿意雇佣具备实际经验的学生。这是因为拥有实际工作经验的学生通常能够更快速地适应工作环境，减少培训成本，并在较短时间内为企业创造价值。因此，学生通过校企合作获得的实际经验使他们在竞争激烈的就业市场中更具竞争力。再次，校企合作为学生提供了了解特定行业和职位的机会。这种深入了解使学生能够更明智地选择自己的职业方向，并更好地准备面试和职业规划。通过实际接触，学生可以更好地理解自己所感兴趣的领域，并确定最适合自己的职业路径。最后，校企合作还可以为学生提供直接的就业机会。在一些情况下，实习或项目合作可能会转化为正式的雇佣机会。企业已经通过合作与学生建立了信任和了解，因此更容易考虑将他们留用。这种无缝过渡对于学生而言是一种难得的就业机会，可以让他们更顺利地融入职场。

3. 帮助学生与行业接轨

与企业的密切合作为学校提供了宝贵的资源和信息，有助于确保教育内容与行业需求和趋势相一致，这种合作关系不仅有益于学校，还为学生提供了更丰富的学习经验，使他们更好地为职业生涯做好准备。同时，它也有助于行业的进步和发展，促进了教育与职业之间的紧密连接。

首先，与企业的紧密合作使学校能够获得实时的市场信息。行业不断发展，需求和趋势也在不断变化。通过与企业建立联系，学校可以及时了解到行业的最新动态，包括新技术、新产品、新市场趋势等。这有助于确保教育内容与行业实际需求保持一致，使学生毕业后能够迅速适应行业的变化。其次，学校可以通过与企业合作获得专业的反馈和建议。合作企业通常拥有丰富的行业经验和专业知识，他们可以提供宝贵的意见，帮助学校了解行业的最佳实践和标准。这种专业反馈可以指导学校更新课程内容，确保其与行业标准相符。再次，学校还可以借助合作企业的资源和专业知识来完善教学材料和实验设施，这包括获取最新的技术设备、工具和教材，以及提供学生参与实际项目和研究的机会。这些资源不仅丰富了学生的学习经验，还提高了他们的职业素养和竞争力。最后，与企业合作还可以帮助学校开发实践性课程。这些课程强调实际操作和解决实际问题，使学生能够在实际工作中运用所学知识和技能。这种实践性教育不仅增强了学生的理论基础，还培养了他们的创新和解决问题的能力。

4. 实践性教育利于学生成长

校企合作所强调的实践性教育方法，将理论知识与实际操作相结合，为学生提供了丰富、深入的学习体验。这种教育方法不仅有助于学生更好地应对职业挑战，还培养了他们的实际技能、问题解决能力和职业素养，为他们未来的职业生涯奠定坚实的基础。

（1）实践性教育促使学生将抽象的理论知识应用到实际情境中。理论知识通常是抽象和概念性的，而实践性教育为学生提供了机会，将这些抽象概念转化为具体的行动和实际问题的解决方案。通过亲身实践，学生能够更好地理解和内化所学的概念，使之更具实际应用的能力。

（2）实践性教育培养了学生的实际技能和技术。在校企合作中，学生有机会在真实的工作场景中运用他们的知识和技能。无论是在烹饪、工程、医疗还是其他领域，学生都可以在实际操作中练习和改进他们的技术。这种实际技能培养是学生未来职业成功的重要基础。

（3）实践性教育培养了学生的问题解决和创新能力。当学生面临实际挑战时，他们必须思考并找到解决问题的方法。这锻炼了他们的分析思维和创新精神。实践性教育鼓励学生主动探索、尝试新方法，并从失败中学习，这对于培养终身学习的态度至关重要。另外，实践性教育有助于学生培养职业素养。学生不仅需要掌握技术技能，还需要学会团队合作、有效沟通、时间管理和适应性等职场必备的素养。通过在实际工作环境中与同事、导师和客户互动，学生能够更好地发展这些关键技能。

（4）实践性教育弥补了理论教育的不足。虽然理论知识是重要的基础，但它通常不足以让学生真正准备好进入职业生涯。实际操作的经验可以使学生更全面地理解和应对复杂的现实问题，使他们在职业中更有信心和竞争力。

5. 培养职业素养利于学生成功

校企合作提供了一个独特的平台，使学生能够培养和展示各种职业素养。这些素养对于职业成功至关重要，不仅有助于学生更好地适应职场，还提高了他们的竞争力和职业发展潜力。因此，校企合作不仅是知识和技能的传授，也是职业素养培养和提升的关键途径之一。

（1）团队合作是一项至关重要的职业素养，学生在合作企业中有机会积极参与团队项目和协作任务。通过与同事、导师和其他合作伙伴协同工作，学生能够学习如何有效地合作，共同追求共同目标。这种经验有助于培养学生的团队合作技能，让他们更好地适应未来的职业生涯，因为大多数工作都需要与他人协作。

（2）沟通技能是职业发展中不可或缺的一部分。在合作企业中，学生需要与不同背景和职位的人交流，包括同事、上级、客户和合作伙伴。通过这些互动，他们能够提高口头和书面沟通的能力，学会表达自己的观点、倾听他人的意见，并清晰地传达信息。这种沟通技能在各行各业都是宝贵的，有助于建立成功的职业关系。

（3）解决问题的能力是职业生涯中的一项关键素养。在合作企业中，学生常常面临各种挑战和难题，需要找到创新的解决方案。这种锻炼有助于培养学生的分析思维和解决问题的能力，使他们能够更好地应对复杂的工作情境。解决问题的能力是一个多面向的技能，可以在各种职业中受益匪浅。另外，在合作企业中培养的职业素养还包括时间管理、适应性、决策力等。这些素养在职业生涯中同样非常重要，因为它们影响着工作效率和绩效。通过校企合作，学生有机会不断提高这些关键素养，使自己更加职业化。

（二）校企合作人才培养的保障

1. 校企合作人才培养的体制保障

体制保障是深入推进职业教育校企合作的强有力保障，就职业教育校企合作的体制而言，一体化的管理体制是实现校企有效、持续合作的组织支撑。互利互赢是校企合作体制建立的基础。

（1）构建职业院校校企合作的管理组织结构。为了实现组织的目标，需要设计和建立科学、合理的组织结构。不同的组织结构形成不同的权责结构和协作关系，会产生完全不同的效果。组织结构的作用是使组织资源形成一个有机的整体，从而有效地发挥整体功能大于个体功能之和的优势。依据组织管理理论，组织结构设计要考虑三个关键问题：一是科学设定管理层次，尽量减少管理层次，使组织发挥最佳效益；二是遵循精减高效的原则，合理设置管理部门；三是按照统一指导、分工协作的原则，科学划分组织成员职权。职业教育校企合作组织结构是由任务、职权关系所组成的体系，主要目的是指挥和协调组织成员的行动以实现校企合作的目标。

校企合作组织创新主要体现在组织结构设计上，也就是把校企合作的任务、权利和责任进行有效协调，并对组织结构进行规划和再造，以便从组织的结构上确保校企合作目标的有效实现，这种组织创新是一个动态的过程，需要确定校企合作组织内各部门和成员之间的关系，确定校企合作组织中权力、地位和等级的关系，确定校企合作组织对部门及成员活动的协调方式，规划校企合作组织各部门从事各种活动的方式，利用组织图与职位说明书规定各自的职责。

校企合作组织结构创新包括组织设计原则、设计维度、组织结构框架和特点。从国家层面来看，职业教育校企合作是一个宏大的组织系统，由管理、实施和协作三个子系统组成。每个子系统由不同的职业教育校企合作主体构成。所谓职业教育校企合作主体是指"与职业教育校企合作的组织、管理、协调、监督、评估相关的组织或个人"[①]。按主体参与方式分为管理主体、实施主体、协作主体。管理主体主要是指政府，政府包括与职业教育校企合作相关的各级行政部门，如教育部门、产业部门、财政部门、税务部门等与校企合作密切相关的管理部门，实施主体是指企业和职业学校等，协作主体是指参与职业教育校企合作决策参谋、监督、评估工作的组织或个人，如行业协会、学术团体、科研机构、信息机构等。在校企一体关系的理念和理论下，校企合作的主体创新体现在管理主体中教育部门、产业部门等多核心主体，在实施主体中的职业学校与企业的双主体，以及管理主体、实施主体和协作主体的一体化。

（2）构建职业院校校企合作的运行机制。职业教育校企合作是我国职业教育改革发展的新战略，建立良好的运行格局是职业教育校企合作决策实施的关键。在校企一体化关系的组织结构框架下，要建立校企合作的长效机制，就必须形成"政府主导—校企一体化"的运行格局。"政府主导—校企一体化"的运行机制模式可以分解为四个部分、三个层面和一个目标。

四个部分：第一部分是运行的决策规划和保障系统，主要是部级、省级职业教育校企合作指导委员会等组织机构，及其相关职责作用；第二部分是运行的实施系统，主要是职业学校和企业层面的操作过程，是运行的主体部分；第三部分是运行的监控反馈系统，主要有信息反馈和过程控制评估反馈，对运行过程和效果进行评价反馈；第四部分是运行的支持系统，由协作主体进行相关的理论和实践研究，研究成果作为制定政策、法规、制度和措施的依据。

三个层面：一是宏观层面，主要是一级机构（部级职业教育校企合作委员会），对校企合作进行领导和规划，根据社会和经济发展的需求、运行的监控反馈、理论和实践研究成果，制定相应的政策、法规，积极组织政府、行业、企业、社会等各方面的资金，建立专项基金制度，制定合理的资金管理和使用政策，加强对内对外的宣传，营造社会氛围，为校企合作提供适宜、宽松的政策、资金和社会环境；二是中观层面，主要是二级组织机构（省级或地市、县级职业教育校企合作委员会），对校企合作进行主导和调控，利用行业和部门的优势，

[①] 谢剑虹. 职业院校校企合作研究的理论与实践[M]. 长沙：湖南人民出版社，2017：229.

依据企业和职业学校的发展需求,制定相应的制度、措施,提供结合的信息,促进企业和学校双方的交流,为合作提供规范、便利的制度,信息和交流环境;三是微观层面,主要是三级组织机构(即职业学校和企业),进行工学结合的实践操作,操作的核心是完成校企一体的技能型和技术型人才培养过程,制定包括培养目标、培养规格、培养计划、培养方式、专业开发、教学计划、教学大纲、师资配备、课程设置、课程编排、教材编写、教学方法、评价考核、实习就业安排以及在职培训、继续教育等在内的实施细则,操作过程中体现学校和企业双主体的结合、企业教师和学校教师双师资的结合、课堂和现场双场所的结合、课堂学习和现场学习双过程的结合。

职业教育校企合作运行的一个目标:培养合格的技能型和技术型人才。

总而言之,建立和完善校企合作的体制要以满足合作双方的利益诉求为宗旨,以有关法律法规为依据,以互利合作发展为目标,这才是校企长期合作深度融合的根本。首先,职业院校要在校企合作中重视和加强专业教学和人才培养服务于区域产业结构调整和发展的需要、服务于企业发展的需要,同时,在办学中不断地提升社会服务能力和吸引力。职业院校要进一步地了解和掌握产业、企业发展的趋势和需要、充分发挥自身职业教育的优势,在区域经济产业结构调整和企业发展中发挥不可替代的作用,同时,又要体现出教育在经济发展中应有的地位、角色和作用,凸显职业教育的特色和功能。职业院校只有不断地提高办学质量和自身实力,才是建设校企合作长期有效的体制机制的根本保证。其次,职业院校要在校企合作中建设长期有效的体制机制,进一步重视和加强校企合作中的资源整合,学校要舍得把自己的优质资源拿出来与企业资源整合,为企业的产品生产和研发服务,发挥学校应有的作用,而只有这样进行资源整合的校企合作,才是真正意义上的深度融合和高层次的合作。校企合作能否长期有效深度融合,关键要有合作体制机制做保障,体制机制建立的重要基础之一就是要求校企双方的优质资源共同进行整合。只有在资源整合层面进行校企合作,才能建立起真正有效的合作体制机制。

2. 校企合作人才培养的动力机制保障

校企合作人才培养的动力机制保障是一个复杂而系统的过程,它涉及多个方面的因素,包括利益驱动、资源互补以及制度保障等。

（1）利益驱动与共赢。

第一，利益分配：建立公正、公平的利益分配制度，确保校企双方在合作过程中都能获得合理的利益。这包括明确双方的资源投入、风险承担以及利润分配等，以激发双方的合作动力。

第二，共赢机制：校企合作应建立在双方共赢的基础上，通过资源共享、优势互补，实现教育资源和经济资源的有效整合。学校可以获得企业的实践资源和市场信息，企业则可以获得学校的人才资源和智力支持。

（2）资源互补与共享。

第一，教育资源：学校应充分利用自身的教育资源，如师资力量、教学设施等，为企业提供培训、技术咨询等服务。同时，学校还可以根据企业的需求，调整课程设置和教学内容，确保培养的人才符合企业的实际需求。

第二，企业资源：企业应积极向学校开放其生产、研发等资源，为学生提供实践机会和实习岗位。通过参与学校的教学过程，企业可以更早地接触到潜在的人才资源，为企业的未来发展储备人才。

（3）制度保障与监督。

第一，签订合作协议：校企双方应签订合作协议，明确双方的责任、权利和义务，确保合作的顺利进行。合作协议应具有法律效力，能够约束双方的行为。

第二，建立管理制度：校企双方应建立有效的管理制度，对合作过程中的各项工作进行规范和管理。这包括制订实习计划、安排实习岗位、评估实习效果等。

第三，监督机制：建立校企合作的监督机制，对合作过程进行监督和评估。这有助于及时发现和解决合作过程中出现的问题，确保合作的质量和效果。

（三）校企合作人才培养的途径

校企合作人才培养的途径多种多样，旨在通过结合学校的教育资源和企业的实际需求，共同培养出适应市场需求的高素质人才。以下是一些主要的校企合作人才培养途径：

1. 共同制订人才培养计划

（1）联合制订教学计划：校企双方根据企业需求和市场变化，共同制订和调整教学计划，确保教学内容与岗位需求紧密对接。

（2）课程设置：结合企业实际，设置专业课程和实践课程，提高学生的专业技能和实际操作能力。

2. 共建实践教学基地

（1）校外实习基地：学校根据专业设置和实习教学需求，在有发展前景又有合作意向的企业建立校外实习基地。这些基地不仅为学生提供实习机会，还成为师生接触社会、了解企业的重要阵地。

（2）共建产业学院：学校与企业合作共建产业学院，通过整合双方资源，共同开展人才培养、技术创新等活动，实现产学研深度融合。

3. 实施现代学徒制

（1）"双导师"制度：学校和企业共同为学生配备导师，形成"双导师"团队。学校导师负责学生的理论教学，企业导师则负责学生的实践指导和技能训练。

（2）"四位一体"人才培养模式：按照"学生→学徒→准员工→员工"的路径，校企共同构建现代学徒制人才培养模式，注重培养学生的职业素养和综合能力。

4. 举办校企联谊会及企业家报告会

（1）校企联谊会：学校定期举办校企联谊会，加强学校与企业的沟通交流，促进双方在人才培养、技术创新等方面的合作。

（2）企业家报告会：学校邀请企业家来校为学生作专题报告，让学生了解企业的实际需求和市场动态，为未来的职业发展做好准备。

5. 开展产学研合作项目

（1）技术研发与成果转化：学校与企业合作开展技术研发和成果转化项目，推动科技成果向现实生产力转化。

（2）咨询服务与技术支持：学校为企业提供技术咨询、人才培训等服务，帮助企业解决技术难题和人才短缺问题。

三、产教融合与校企合作协同创新人才培养

产教融合与校企合作协同创新人才培养模式需要多方面的机制予以保障。首先是外部环境保障，只有有了良好的市场环境和社会环境，才能够保障这种教育模式的正常实施。其次是资金保障产教融合与校企合作人才培养运行模式探究，现代化职业教育模式需要投入大量资金，物质保障是这种模式存在和运行的基础。最后是制度保障，作为新型的教育模式，政府需要进行引导和规范，在为学校和企业牵线搭桥的同时，要出台相应的政策，保障学生和企业双方的共同利益，实现新型人才培养模式的有效运行。促进产教融合与校企合作协同创新人才培养实施的有效策略具体如下：

（一）加强实训基地软硬件建设

实训基地是校企合作的基础，更是产教融合的关键性特征。如果实训基地建设存在问题，势必影响专业人才的培养。所以，一方面，在实训基地建设上必须投入专项资金，并根据科学技术发展和企业人才需求，不断完善实训基地设施设备，努力构建真实的企业生产环境，让学生真正体验企业生产节奏，为其毕业后迅速融入企业奠定基础。另一方面，实训基地要丰富实训内容、配备各类生产设施设备，能够让学生将所学知识与实践进行结合，加快理解和掌握相关知识。此外，要将企业相关管理环节融入实训基地，让企业管理人员与职业院校教师互换岗位，使企业管理人员与职业院校教师的职业技能、职业素养都得到提升，企业与学校相关资源得到充分利用，人才培养效率得到提升。

（二）组建"双师型"教师队伍

随着职业教育改革进程的加快，"双师型"教师发挥的作用将会越来越显著，因此要注重提高教师的综合素养，打造"双师型"教师教学创新团队。组织职业院校教师参加各类专业化培训，在强化教师基本理论素养的同时，提高教师实践操作技能。对积极参与企业生产锻炼、完成生产任务的职业教育团队给予奖励。另外，可通过聘请专业教师、完善软硬件教学设施等措施，为打造专业能力强、实践水平高的"双师型"团队提供人才和技术支撑。

（三）完善企业实习以及顶岗管理章程

顶岗实习是学校安排学生外出实践的重要方式，也是学生巩固理论知识、提升操作技能的重要途径。顶岗实习对学生提高动手能力、适应企业环境等均具有重要意义。但部分企业或职业院校在安排学生实习时，实习内容单一，忽视学生个性化、差异化发展，导致实习难以取得理想效果。所以，企业与学校应制订周密的实习计划，制定各类保障性制度，为学生技能提升提供保障。应结合实际情况不断完善顶岗实习制度，充分发挥顶岗实习的育人作用，真正搭建以培养优秀人才为目标，学校、企业紧密合作的产教融合平台。

第三章 助推区域经济增长的应用型人才培养

第一节 应用型人才培养的理论内涵与目标定位

一、应用型人才培养的理论内涵

(一) 应用型人才培养的理论依据

1. 多元智能理论

多元智能理论由美国哈佛大学教授、著名认知心理学家霍华德·加德纳于1983年在《心智的结构》中首次提出，这一理论对传统教育和标准化测试评价产生了深刻的影响，受到教育界广泛关注，并成为20世纪90年代以来许多西方国家教育改革的指导思想之一。加德纳的多元智能理论认为，智力是一个基本单位，智能本质上是一个复数的、多元的概念，是在某种社会或文化环境的价值标准下，个体用以解决自身遇到的真正难题或生产及创造出有效产品所需要的能力。每个人都普遍具有八种智能：一是语言智能，主要是指个体对文字意义、顺序、语音、语言节奏等的敏感性和感知力；二是数学逻辑智能，指个体在行为活动之间和符号之间建立逻辑关系的能力；三是视觉空间智能，指个体进行空间排列的思维能力；四是身体动觉智能，指人运用整个或部分肢体解决问题的能力；五是音乐智能，指人对音乐的节奏、音高、音调、曲调等的感知能力，也包括唱歌、演奏乐器和作曲的能力；六是人际智能，指有效与人交往相处的能力以及对他人情绪、感情、性情等的敏锐感知力；七是自省智能，指认识、洞察和反省自身情绪、目标的感知力及根据自身特点采取行动的能力；八是自然智能，指个体对自然环境的特征进行分类和区别的能力。

不同的人为了达到某个目标,可以采取相应的智能来作用。但是不同的智能之间并不是相互割裂的,它们之间存在着相互影响和相互联系的关系,并不是孤立拼接的条形图,它们的发展需要一定的连接方式,包括瓶颈效应、补偿效应、催化效应。瓶颈效应即两个智能中存在一个智能被另一个智能牵制的现象,如一名学生的数学成绩很好,但是语文成绩却不尽如人意。补偿效应即弱项智能有时会带来负面影响,这种影响有可能被强项智能遮盖,如一个戏剧表演的学生身体动觉智能较差,但是他的语言智能更胜一筹。催化效应即在两种智能之间,可能会发生一个智能推动其他智能的情况,如当一个文学学习者在创作诗歌时,视觉空间智能和音乐智能可以激发他的画面和韵律的灵感。

另外,跨学科教育可以对不同的智能产生催化效应,深挖学生在不同方面的潜力,将它们表现为日常生活的行为反应,从而达到教育的最终目的。若想使催化效应发生反应,可以开设综合性的课程、举办整合性的活动,把拥有不同智能的人聚集在一起,使每个人的不同智能相互影响,合理运用团队的力量达到事半功倍的效果,在这个过程中不同伙伴的智能会得到不同的发展,可以开发新智能或加强旧智能,达到合作共赢的优良效果。

对于高校而言,在高校人才培养中,多元智能理论对教育教学起到了重要的指导作用。首先,它促使教师更加关注学生的个体差异,意识到每个学生都有其独特的智力特点和潜能。因此,教师在教学设计中应该采取多样化的教学方法和评价方式,以满足不同学生的学习需求,激发他们在各个智力领域的潜能。其次,多元智能理论强调了综合发展,鼓励学校在课程设置和教育实践中注重培养学生的多种智力。除了传统的语言、数学等学科知识外,高校应该开设更多元化的课程,如音乐、美术、体育等,以及跨学科的课程,促进学生在各个智力领域的全面发展。

2.通识教育理论

通识教育作为一种教育理念和人才培养模式,有着丰富的内涵。通识教育的"通"即通晓、明白;"识"即智慧、见识。"通"是手段,"识"是目的,"识"字不能仅理解为"知识",而是一个人知识和见识整合的认知。通过博览精通人文、社会、自然科学三大领域的知识形成完整独立的思维见解,使受教者拓宽视野。因此，通识教育是高等教育阶段的一种素质教育，旨在对学生进行基础的语言、历史、文化、科学知识的传授，使学生的知识结构更加合理，文化底蕴更加深厚，个性品质得到训练，公民意识受到陶冶，人文素质全面提升，社会责任感和历史使命感不断增强，生活的意义和价值变得丰富，适应社会的能力显著增强。换言之，通识教育的目标是培养学生成为全面发展的高素质公民，以及适应现代社会经济发展需要的拔尖创新人才。通识教育理念的核心在于将素质教育作为本科教育的中心，培养适应社会经济发展需要的全面发展的高素质人才。

（1）通识教育是一种办学理念。"通识教育是高等教育的重要组成部分，是高校人才培养的核心内容，是培养拔尖创新人才的重要途径，是所有大学生都应该接受的非专业性教育，是大学的办学理念"[①]。通识教育强调知识的广博与整合，是一种广泛、非专业性和非功利性的基本知识、技能、态度与价值的教育。

（2）通识教育是一种人才培养模式。通识教育不仅是一种办学理念，而且还是一种人才培养模式。通识教育超越功利性与实用性，是一种潜移默化、润物细无声、重在育人的教育。通识教育打破传统教学模式，将科学、人文、艺术等知识融会贯通，引导学生求真求善求美，有利于学生提升文化素质，开阔视野，陶冶情操；有利于培养学生的独立思考能力、判断能力、思维能力，挖掘学生的创新潜能和激发学生的探索精神；有利于培养学生的社会责任感和历史使命感，从而养成健全的人格，使学生成为和谐发展的"全人"。这种通识思维模式培养出来的人才具有远大眼光和博雅精神，具有较强的自主学习能力，具备人文社会科学及自然科学的复合型知识和能力结构，能够主动、有效参与社会公共服务，具有较强的社会责任感和历史使命感，从而推动社会进步。加强大学通识教育已成为提升高校办学水平，培养高素质人才的重要环节。

（3）通识教育是一种人文素质教育。通识教育实际上是素质教育最有效的实现方式，加强素质教育则是实现通识教育理念的核心。通识教育传递科学与人文的精神，重视人文关怀和提高学生的人文素养，以"全人教育"为目标，以尊重和满足人的本质需要、促进人的长远发展为出发点，与人文素质教育的精神

---

① 李本义. 通识教育导论[M]. 武汉：长江出版社，2017：20.

一脉相承。人文素质教育①着眼于"以人为本",突出科学教育与人文教育的融合,科学教育旨在培养学生求实创新、追求真理的科学精神,人文教育旨在培养学生人文关怀与尊重、实现人生理想与价值的人文精神。通识教育倡导人文精神与科学精神的统一,倡导道德人格与知识文化教育的统一,强调人格养成和人的自身完善。通识教育突破学科之间的壁垒,实行多学科渗透,将互相独立的知识融合在一起,形成完整的、相互联系的知识结构体系,培养具有高尚道德情操和合理知识结构的人才是现代教育的理想目标。通识教育注重教育的内在价值,关心人的解放和完善,目的在于促进人文、社会和科技文化之间的沟通,发展全方位人格,体现出明显的人文性特征。

（4）通识教育是一种培养高素质公民的全人教育。通识教育重视人格塑造,是人格的教育。通识教育关心学生的发展,坚持以人为本和培养学生健全的人格。因此,高校不仅要教学生学会做事,更要教学生学会做人,它强调"做事先做人","做人为先",即要让学生明白先做人再做事的道理。做人是做事的基础,做事是做人的体现。如何做人,不仅体现了一个人的智慧,也体现了一个人的修养。因此,加强通识教育,就是要把学生培养成积极参与社会活动、有社会责任感、全面发展的社会的人和国家公民。因此,在大学教育中应首先对学生进行作为一个负责任的人和公民的教育,让他们承担起一位国家公民的责任和义务。当然,公民教育并不应该作为学生进入大学后的特殊的社会教育,而应该贯穿于受教者一生的发展历程。加强通识教育,注重培养高素质国家公民是大学的重要职责之一,但其最终目标是培养更多优秀的高级人才。通过注重人文精神熏陶,深化学生对生命价值的认识,促进辩证的、理性的、全面的思维和人格发展,学生具有科学的世界观和方法论,因此通识教育具有综合性和全面性。

（5）通识教育是一种进入专业教育前的养成教育。通识教育与专业教育相辅相成。现代大学教育不仅应当进行以培养科学知识、技能、能力为目的的专业教育,而且也应当进行以提高人的基础综合素质为目的的通识教育,即现代高等教育要坚持通识与专识的有机结合和统一。通识教育与专业教育彼此紧密联系,不可分割,二者有机整合共同完成"全人"的培养;通识教育中包含专业教育的

---

① "人文素质教育"就是将人类优秀的文化成果通过知识传授、环境熏陶以及自身实践等教育活动使其内化为人格、气质、修养,成为人的相对稳定的内在品质。人文素质教育的目的,主要是引导学生如何做人,包括如何处理人与自然、人与社会、人与人的关系以及自身的理性、情感、意志等方面的问题。

思维方法与能力，专业教育中亦有通识教育的基因和科学精神，但通识教育是专业教育的前提和基础。

此外，通识教育还是一种终身学习的教育，旨在培养学生终身学习的理念。终身教育是学生离开校园后的继续教育，它建立在学生终身学习和自主成长的基础上，使学生最终养成终身学习和成长进步的良好习惯。

3. 跨学科教育理论

早在柏拉图、亚里士多德时期，跨学科教育就已经崭露头角，哲学家们认为知识应一体化来培养全人。在分化学科为主流的时代背景下，知识一体化在高校中的探索一直存在，它指引着学科整合的工作方向。跨学科教育可以分为以下五种需求的驱动：

（1）学科发展的需求。学科愈来愈有专业化的发展趋势，研究领域变得深而精，还出现了一些交叉型新兴学科，它们涉及多个学科领域，将不同的学科之间具有相关联系的概念整合在一起，本学科的知识通常需要借助其他学科来进行解释，从而丰富学科知识和学科种类。

（2）学生发展的需求，这是因为有学生对划分学科感到不满，通过跨学科教育可以提供一个折中的解决办法，这是对学科分类的反抗力量，从学生的角度出发，对教育现状作出自己的行动，保证学生的基本学科需求。

（3）职业训练的需求。社会需要一些面对问题时能够多角度处理的人才，而学科分类培育的是某一领域的专一型人才，这时跨学科教育能够很好地解决这一问题，可以从各个学科的知识传授过程中培养出社会所需要的"专家"。

（4）社会革新的需求。社会在不断发展中诞生出了许多新的研究领域，如城市化研究、环境研究等社会问题领域，在这些新兴领域中涉及的知识通常范围较广，需要引入多个学科进行学习研究，跨学科教育符合这一学习要求，因此可以将其引入高等教育，对通识教育进行革新。

（5）大学管理的需求。在目前的部分学校中可以找到管理需求的解释，一些学校选择在管理方面或者职能分配方面使用跨学科教育，在这种情况下，跨学科直接与大学体制的重新组织与重新布局有关，可以对学校资源和管理经费进行更合理的分配，从而有效提高高等教育中的管理效率，达到良好的预期效果。

总而言之，跨学科教育理论强调了跨学科学习的重要性，即跨越学科边界，将不同学科的知识、方法和理念相结合，促进综合性思维和创新能力的发展。在高校人才培养中，跨学科教育理论具有重要意义：①综合性能力培养。跨学科教育能够培养学生的综合性能力，使其具备跨学科的思维和分析能力，这有助于学生在解决现实问题时不受学科限制，能够综合运用各种学科知识和方法进行分析和解决。②创新能力培养。跨学科教育能够激发学生的创新潜能，促进跨领域的创新思维和创造性问题解决能力的培养。通过跨学科学习，学生可以接触到不同领域的知识和观点，从而拓展思维的边界，产生新的思考和创意。③解决复杂问题能力培养。跨学科教育有助于培养学生解决复杂问题的能力。现实世界中的问题往往是跨学科性质的，需要跨学科的知识和方法来解决。通过跨学科教育，学生可以学会在面对复杂问题时，跳出学科限制，综合运用各种知识和方法来解决问题。

（二）应用型人才培养的内涵解析

1. 应用型人才培养的重要意义

应用型人才培养的意义在于其对社会经济发展的直接推动作用。在当前快速变化的社会环境中，各行各业对专业技能和实际操作能力的需求日益增长。应用型人才通过其专业技能的实践应用，能够迅速适应并解决工作中遇到的具体问题，从而提高生产效率和服务质量。这类人才的培养不仅满足了市场对专业技能人才的迫切需求，也促进了社会生产力的发展和经济结构的优化升级。例如，在制造业、信息技术、医疗健康等领域，应用型人才通过将理论知识与实践技能相结合，推动了技术创新和产业升级，为社会带来了实实在在的经济效益。

进一步而言，应用型人才培养还具有促进社会公平和包容性发展的重要价值。通过为不同背景的学生提供专业技能培训和实践机会，教育体系能够为更广泛的群体打开通往职业成功的大门。这不仅有助于缓解社会阶层固化的问题，还能激发社会的整体创新活力。在这一过程中，应用型教育强调的是对学生实际操作能力的培养和个性化发展的支持，使得每个学生都能根据自己的兴趣和特长，找到适合自己的发展路径。这种教育模式的推广，有助于构建一个更加多元和包容的社会，让每个人都有机会通过自己的努力实现个人价值和社会贡献。

应用型人才培养对于国家的长远发展同样至关重要。随着全球化的深入发展和国际竞争的加剧，一个国家的竞争力越来越依赖其人才队伍的专业能力和创新精神。应用型人才作为国家人才队伍的重要组成部分，通过在各自领域的深耕细作，为国家的科技进步、产业创新和社会管理提供了坚实的支撑。特别是在面对全球性挑战，如气候变化、公共卫生、能源安全等问题时，应用型人才能够发挥其专业优势，提出切实可行的解决方案，帮助国家在国际舞台上展现其智慧和力量。因此，加强应用型人才培养，不仅是提升国家软实力的重要途径，也是实现可持续发展的关键因素。

2. 应用型人才培养的影响因素

产业需求是塑造应用型人才培养模式的关键因素。随着各行各业的持续发展和技术创新的加速，市场对具备实际操作能力的专业人才的渴求日益增长。学校必须与产业界的脉动保持同步，以培养能够迅速适应并有效应对现实工作挑战的应用型人才。

（1）产业需求。

第一，学校需要深入了解产业的发展趋势和方向。通过与产业界的紧密互动，可以洞察到不同行业需求的演变、技术革新的路径和市场发展的动态。这种洞察力有助于学校精准定位产业发展趋势，及时调整教育目标和课程内容。依据产业需求，学校可以优化专业设置、更新课程内容、改进教学方法，确保所培养的人才精准对接产业的实际需求。

第二，学校需要掌握企业的具体需求和对人才的期望，为学生提供宝贵的实践机会。通过建立实习基地、联合开展研究项目或提供问题解决咨询服务等合作模式，学生能够近距离接触实际工作环境，了解行业规范。同时，邀请企业专家参与课程教学，实施以实践为导向的技能培训，能够使学生获得与产业紧密相连的实战经验。

（2）社会需求。应用型人才培养是社会经济发展的基石，其模式深受社会需求的驱动和塑造。社会需求不仅决定了应用型人才的培养方向，也影响着教学内容、目标设定以及教学方法的选用。当社会对特定领域的专业人才表现出强烈需求时，相应的教育和培训机构往往会增加对这些领域的关注和投入，以培养符合市场需求的高素质人才。

第一，社会对特定领域的应用型人才需求的增长，促使学校增设相关专业或方向，提供更为精细化和专业化的培养方案。例如，在信息技术、人工智能、大数据、生物科技等快速发展的领域，社会对专业人才的需求激增，这要求学校通过增设相关专业、优化课程设置，以及强化实践教学，来培育能够满足这些新兴领域需求的应用型人才。

第二，社会对人才的专业技能、实践能力和创新能力的要求日益提高，这对应用型人才培养模式提出了新的挑战。企业和组织越来越重视人才的实际工作能力和创新精神。因此，学校可以通过案例分析、项目驱动等教学方法，提供学生参与实际工作和项目的机会，以培养学生的实践能力和创新思维。同时，通过开设创新创业类课程，激发学生的创新潜能，引导他们在未来的职业生涯中作出创新性贡献。

第三，社会需求的变化也强化了行业与教育之间的合作关系。随着对应用型人才需求的增加，行业对人才培养过程的参与和影响力日益增强。通过校企合作、实习实训、科研项目支持等方式，行业能够为学生提供接触真实工作环境和参与实际项目的机会，从而提升学生的实践能力。此外，行业的参与有助于教育更准确地把握行业需求，及时调整培养方案，确保培养出的人才能够满足市场的实际需求。

（3）国际化趋势。应用型人才培养在国际化趋势的推动下，正经历着深刻的变革。在全球化的浪潮中，学校肩负着培养具有国际视野和竞争力的应用型人才的使命，这不仅要求学校融入国际前沿的技术和理念，还要求开展国际化的课程设置、交换项目，并为学生提供国际实践的机会，从而培育出能够在多元文化环境中自如交流和工作的专业人才。

第一，学校需要紧跟国际技术和理念的发展趋势。在科技迅猛发展和跨国企业日益增多的今天，各行业的创新往往由国际先进的技术和理念引领。学校应及时掌握这些动态，将最新发展融入教学内容。通过设置与国际标准接轨的专业课程、实验室，并采用国际先进的教学方法，为学生提供具有国际竞争力的教育体验。

第二，学校应积极开发国际化课程和交换项目。国际化课程的设置旨在通过融入国际元素，培养学生的全球视野和跨文化交流能力。学校可以通过与海外高校和机构建立合作，开展学生交换、联合研究等项目，为学生提供国际交流和学习的机会。这种交流不仅让学生了解不同文化背景下的工作方式，也增强了他们的跨文化沟通能力。

第三，学校应为学生创造国际实践的机会。参与海外实习、交流项目和社会服务等国际实践活动，有助于学生拓宽国际视野，提升跨文化交流和适应能力。学校可以与国际组织、跨国公司合作，支持学生参与国际项目，使学生能够在实际工作中应用所学知识，了解国际行业的最新趋势。

第四，学校在推动国际化教育的过程中，必须认识到其重要性和必要性。国际化教育为学生提供了更广阔的发展平台，使他们能够获得与国际接轨的知识和经验，增强职业竞争力。同时，国际化也促进了学校与国际高水平教育机构的合作，提升了学校的国际影响力。

然而，实现应用型人才培养的国际化也面临诸多挑战。语言和文化差异可能成为学生参与国际化教育的障碍。国际化课程和项目通常以英语为主要交流语言，要求学生具备良好的英语水平。此外，不同文化背景下的交流和合作也需要学生具备相应的适应能力和文化敏感性。学校在选择国际化教学资源和合作伙伴时，需要投入大量资源，并具备相应的国际化合作经验和专业能力。同时，国际化教育的可持续发展需要学校制定长期的战略规划和持续投入，建立健全的管理机制，培养专业的国际化教育团队，确保国际化教育的质量和效果。

二、应用型人才培养的目标定位

在当今快速发展的社会与经济背景下，应用型人才的培养已成为高等教育的重要任务，这类人才不仅需具备扎实的专业理论基础，还需拥有将理论知识应用于实际工作的能力，以解决复杂多变的社会经济问题。

（一）理论知识与实践能力的结合

应用型人才培养的首要目标定位是实现理论知识与实践能力的有机结合，这一目标要求教师在课程设置上既要注重专业理论知识的系统性和深度，又要强调实践教学环节的重要性。理论知识作为学生掌握专业技能的基础，为其理解和解决实际问题提供了必要的框架和方法。然而，单纯的理论知识无法满足应用型人才培养的需求，实践能力的培养同样至关重要。

为实现理论与实践的结合，教师需在课程设置上采取多种措施。增加实验、实训、实习等实践教学环节，使学生在掌握专业理论知识的同时，能够亲身体验和参与到实际工作中,这种方式不仅可以加深学生对理论知识的理解,还能培养其解决实际问题的能力。例如,工程类专业的学生需要通过实验课掌握工程原理,通过实训课锻炼操作技能,并通过实习环节了解行业的实际运作模式。这些实践环节使学生能够将理论知识应用到实际操作中,逐步形成从理论到实践的转化能力。

(二)创新能力的培育

创新是推动社会进步和经济发展的关键动力,因此,应用型人才培养的另一个重要目标定位是创新能力的培育。现代社会的快速发展和技术的不断更新,对人才的创新能力提出了更高的要求。为了培养学生的创新能力,教师需在教学内容、教学方法和教育资源等方面进行全面创新。

第一,在教学内容上,教师需不断融入最新的科研成果和行业动态。通过将前沿知识引入课堂,使学生了解和掌握最新的科学技术和行业发展趋势。例如,在信息技术专业中,教师可以引入人工智能、区块链、云计算等最新技术,使学生掌握最前沿的知识,为未来的创新奠定基础。通过这种方式,不仅可以提高学生的知识水平,还能激发其对新技术的兴趣和探索欲望。

第二,鼓励学生参与科研创新活动,是培养创新能力的重要途径。高校可以通过设立科研项目、举办创新竞赛等方式,激发学生的创新热情。例如,一些高校设立了创新创业基金,支持学生开展科研项目,并通过竞赛的形式展示其成果。这不仅培养了学生的科研能力,也激发了其创新潜力。同时,教师还需注重培养学生的批判性思维和问题解决能力,使其能够在面对复杂多变的问题时,提出新的解决方案和思路。例如,通过案例分析、问题解决、头脑风暴等方式,训练学生从不同角度思考问题,提出创新性解决方案。

第三,教师还需提供多样化的创新资源和平台,支持学生的创新活动。例如,一些高校建立了创新实验室、创客空间,为学生提供先进的设备和技术支持,鼓励其开展各类创新活动。这些创新平台不仅为学生提供了实践机会,也为其提供了展示和交流的舞台,激发了其创新热情和潜力。例如,一些高校通过设立创新工作坊,邀请行业专家和学者与学生进行互动,分享最新的科研成果和行业动态,激发学生的创新思维。

（三）跨学科素养的提升

随着社会的快速发展和行业的不断融合，单一的专业技能已难以满足复杂多变的工作需求。因此，应用型人才培养的目标定位还应包括跨学科素养的提升。跨学科素养不仅能够拓宽学生的知识视野和思维空间，还能增强其综合运用多学科知识解决复杂问题的能力。

第一，在课程设置上，教师需打破传统学科界限，开设跨学科课程，鼓励学生进行跨学科学习。例如，一些高校在工程类专业中加入管理学课程，在商科专业中加入信息技术课程，使学生具备跨学科的综合素质和能力。这种课程设置不仅可以丰富学生的知识结构，还能提高其跨学科的综合运用能力。例如，在工程管理专业中，学生不仅需要掌握工程技术知识，还需了解管理学原理，从而能够在实际工作中进行有效的项目管理。

第二，通过提供多元化的学习资源和平台，教师可以进一步拓宽学生的知识视野和思维空间。例如，通过在线课程、学术讲座等多种形式，使学生能够跨越地域限制，学习到最新的知识和技术。例如，一些高校通过与国内外知名大学合作，提供丰富的在线课程资源，使学生能够学习到最前沿的知识。这不仅提高了学生的综合素质，也为其未来的职业发展提供了更多的选择。

第三，通过多样化的实践活动，培养学生的跨学科能力。例如，一些高校通过设立跨学科项目，鼓励不同专业背景的学生组成团队，共同完成项目。这不仅培养了学生的团队合作能力，也提高了其跨学科的综合素质。例如，在某些工程类项目中，学生需要结合机械工程、电子工程、计算机科学等多个学科的知识，才能完成项目的设计和开发。这种跨学科的实践活动，不仅提高了学生的实践能力，也培养了其解决复杂问题的能力。

（四）社会需求与个人发展的统一

应用型人才培养的最终目标定位是实现社会需求与个人发展的统一。这一目标不仅涉及人才培养与市场需求的有效对接，还要求关注学生的个性化和差异化发展需求，从而实现社会经济发展与个人全面成长的双赢。

教师在制定培养方案时，需充分调研和分析行业、企业的用人需求和发展趋势，确保人才培养目标与市场需求相匹配。例如，通过与行业协会、企业等合作，共同制定人才培养方案，使课程设置和教学内容能够紧跟行业发展趋势，满足企业的用人需求。例如，一些高校通过与行业协会合作，定期调研企业的人才需求，调整课程设置和教学内容，使其更加贴近市场需求。这种方式不仅提高了学生的就业竞争力，也为企业输送了高素质的人才。此外，通过与行业、企业建立紧密的合作关系，共同制定人才培养方案和教学计划，也是实现人才培养与市场需求有效对接的重要手段。例如，一些高校与企业合作，共同开发课程、设置实习岗位，使学生在毕业前就能参与企业的项目，在实际工作中积累经验。这种合作模式不仅使学生能够更好地掌握专业知识和技能，还能增强其就业竞争力。

需要注意的是，教师需关注学生的个性化和差异化发展需求，提供多样化的教育路径和发展机会，以满足不同学生的成长需求。例如，通过设立多样化的选修课程、提供个性化的职业发展指导等方式，帮助学生根据自己的兴趣和特长选择适合的学习路径和职业发展方向。例如，一些高校通过设立职业发展中心，为学生提供个性化的就业指导、职业规划等服务，帮助学生制订合理的职业发展计划，提高其就业竞争力。同时，通过实现社会需求与个人发展的统一，应用型人才培养才能真正实现其价值和意义。例如，在绿色经济、数字经济等新兴领域，教师需不断更新课程内容，增加相关课程，培养学生在这些领域的知识和技能，使其能够适应未来社会的发展需求。例如，一些高校在课程设置上增加了绿色经济、数字经济等相关课程，使学生能够了解和掌握最新的行业动态和技术，适应未来社会的发展需求。

第二节 应用型人才培养与区域经济的联动发展

一、应用型人才培养与区域经济联动发展的作用机理

应用型人才培养与区域经济发展有极强的内在关联性，他们之间呈现出作用与反作用、制约与能动影响的关系。应用型人才的供给对区域经济发展具有较强的提升作用，区域经济发展不仅能为应用型人才培养带来新的机遇，也对其人才培养提出了新要求。

（一）区域经济发展对应用型人才培养的驱动机理

区域经济发展与应用型人才培养有着密切的联系。区域产业结构的调整及产业层次的变化是人才需求变化的原因，产业分工和组织生产流程决定着人才岗位的设置，不同区域经济发展的阶段、质量和水平决定着人才的结构和类型。区域经济发展对应用型人才培养的作用体现为对专业、学业和就业的"三业驱动"。

1. 驱动应用型人才培养的"专业"结构调整和设置

国家和区域产业结构的调整、升级和转换会直接驱动区域内各要素在产业间的重新分配，区域内的社会劳动分工及人力资源配置也会随之变化。而应用型人才培养与区域经济的关联最为紧密，从理想层面来看，有怎样的产业结构类型就会有相应的人才结构类型，产业结构在客观上决定了区域经济对不同专业类型人才的需求。在理论上，区域经济决定了专业结构必须与产业结构相一致，即驱动专业设置的类别与总量必须与区域产业从业人员的比例相适应；在实践操作层面，高校的应用型人才培养、专业设置也必须研究区域经济结构对人才的需求。

（1）区域经济的发展对应用型人才的需求具有显著的导向作用。在一个经济快速发展的区域，产业结构的变化将直接影响到对专业人才的需求。例如，随着高新技术产业的发展，对信息技术、人工智能、大数据等领域的专业人才需求大幅增加。高校在这种背景下，需要及时调整专业结构，设置相关专业课程，以满足区域经济发展的需求。这种专业结构的调整不仅体现在新增专业和课程上，还需要在现有专业课程中融入最新的产业发展趋势和技术创新内容，使学生能够掌握前沿知识和技能。

（2）区域经济结构的变化会影响到高校的专业设置和课程内容。例如，在一个以制造业为主的区域，随着智能制造和工业4.0的发展，传统的机械工程专业需要融入更多的智能控制、机器人技术、物联网等内容，以适应产业升级的需求。同样，在农业为主的区域，随着现代农业技术的发展，高校需要设置与农业科技、食品安全、生态环境等相关的专业，以培养适应现代农业发展的应用型人才。这种专业设置和课程内容的调整，需要高校深入研究区域经济的发展趋势，了解产业结构的变化，从而及时调整和优化人才培养方案。

（3）区域经济的发展还要求高校在专业设置上注重多样化和灵活性。区域经济的多样化发展，要求高校培养具有多学科背景和跨领域知识的复合型人才。

例如，在一个经济发达的区域，金融、科技、文化、旅游等多产业并存，高校需要设置多样化的专业课程，以培养适应不同产业需求的人才。同时，高校还需要灵活调整专业设置，根据区域经济的发展变化，及时增加或调整专业课程，使人才培养更加贴近市场需求。

（4）高校还需要加强与区域内企业的合作，共同研究和制定专业设置方案。例如，通过与企业合作，了解企业对专业人才的具体需求，共同开发课程和教学内容，使专业设置更加符合企业的实际需求。通过这种合作模式，不仅可以提高专业设置的科学性和实用性，还能增强学生的实践能力和就业竞争力。

2. 驱动应用型人才培养的"学业"模式改革

区域经济发展对应用型人才的规格、质量、素质和能力标准提出了要求，而这种对人才的各种需求只能通过高校的课程设置、教学手段、师资队伍、实习实训环节等学生"学业"过程来直接体现。从高校角度看，应用型人才与区域经济的对接和融入程度取决于人才培养过程、模式与产业的对接程度，而学生就业后表现出来的职业素养、综合能力以及社会和用人单位对应用型人才培养质量方面的评价反馈，会直接驱动高校对学生的培养目标、课程维度、师资维度、教学及实践实训维度等学业方面进行综合改革，以提升学生学业水平和能力；从学生层面看，区域经济对人力资本和学生就业的筛选也会导致学生对"学业"态度和情感的变化，会驱使学生主动思考"学业"、致力于"学业"而实现学业到就业的融合。

（1）区域经济的发展对应用型人才培养的规格和质量提出了更高的要求。高校需要通过改革学业模式，培养适应区域经济发展需求的高素质人才。例如，在一个经济快速发展的区域，企业对人才的实践能力、创新能力和综合素质提出了更高的要求。高校需要在课程设置上增加实践教学环节，通过实验、实训、实习等方式，使学生在掌握理论知识的同时，能够参与到实际工作中，提升解决实际问题的能力。例如，通过设置企业实习岗位，让学生在企业中进行实习，积累实际工作经验，提高就业竞争力。

（2）高校需要通过改革教学手段，提升学生的创新能力和综合素质。例如，通过引入案例教学、项目驱动教学等创新教学方法，使学生在实践中不断探索和发现，培养其创新思维和动手能力。例如，在商科专业中，通过案例教学法，让学生分析实际的商业案例，从中学会如何运用理论知识解决实际问题；在计算机专业中，通过项目驱动教学法，让学生参与实际的项目开发，培养其团队合作和项目管理能力。这种教学手段的改革，不仅可以提高学生的学习兴趣，还能增强其实践能力和创新智慧。

（3）高校需要通过师资队伍的建设，提升教学质量和水平。例如，通过引进高水平的师资力量，鼓励教师参与科研创新活动，提高教师的专业水平和教学能力。例如，通过设立教师培训计划，鼓励教师参加国内外的学术交流和培训活动，了解和掌握最新的科研成果和教学方法，提高教学质量和水平。此外，通过引入企业专家、行业精英等兼职教师，增强教学内容的实用性和前沿性。例如，通过邀请企业专家讲授实际工作中的案例和经验，使学生能够了解和掌握最新的行业动态和技术，提升综合素质和实践能力。

（4）高校需要通过设置多样化的实习实训环节，增强学生的实践能力和就业竞争力。例如，在信息技术专业中，通过与IT企业合作，设置实训基地，让学生参与到实际的项目开发中，提升其编程能力和项目管理能力。这种实习实训环节，不仅可以增强学生的实践能力，还能提高其就业竞争力。

（二）应用型人才培养对区域经济联动发展的杠杆机理

区域经济理论认为，高等教育作为最接近经济的领域，其发展的好坏直接关系到区域经济中人才需求的满足与否。这表明，应用型人才的培养与区域经济的发展密不可分，应用型人才的培养要充分利用其人力资本对区域经济的杠杆原理，形成与区域经济发展、产业结构调整升级良性互动、相互融合和对接的人才培养机制。

第一，应用型人才培养能提高区域经济资源转移的弹性。区域经济的发展依赖于资源的结构和品质、存量与增量的可转移性。这不仅体现在物质资本即生产资源和设备的变化上，而且主要取决于人力资源队伍的结构、质量和转移速度。人力弹性理论认为，人力资源是组织或区域维持竞争优势的关键来源。如何保持人力资源的弹性，发挥高等教育促进社会阶层合理流动、维护社会公平和谐的"平衡器"功能，是企业或区域经济发展需要优先考虑的问题。因此，充足的应用型人才资源和合理的人力资本结构能显著提升区域经济资源转移的弹性，减少资源转移的阻力，并提升资源配置的效率。应用型人才与区域生产力、产业升级及调整、经济发展之间的联系更为直接和密切，具有很强的直接参与经济活动的主动性、能动性，以及促进其他经济资源有效合理转移的弹性。

第二，创新应用型人才的数量和质量决定着区域经济发展的活力。在区域经济发展和结构调整升级中，传统的高投入、高消耗、偏重数量扩张的发展方式已难以为继，而在很大程度上取决于创新型应用型人才的培养。创新能力将成为驱动区域经济增长、形成活力、增强可持续发展能力和竞争力的重要动力。具备创新能力强的区域，将能够在新的产业结构调整升级中寻求到更有利的生存发展机会，并增强自身的竞争力。创新的真正主体是区域内各类从业人员，其中最为关键的是拥有高水平技能的技术型人才。他们能成为区域经济和市场创新的主体，其数量和人才质量将成为区域经济发展最为直接和有效的动力。

第三，促进区域内经济和产业结构协调发展。人力资本理论和区域经济增长理论认为，高等教育与区域经济发展高度相关并起到推动作用。应用型人才培养的规格、质量和结构、规模、效益等能否满足区域社会人力资源和个人发展的需求，并在两个需求之间保持相对平衡的状态，对区域内经济协调发展至关重要。应用型人才培养为区域经济发展、产业结构调整升级提供了充足的人力资源、科技资源和文化资源等智力支撑。而区域经济产业结构的调整和优化有赖于应用型人才的规模、类型和层次的调整。作为提供技能型人力资源的应用型人才培养，能否在人才的规模、结构、质量和效益等方面在整个系统内达成均衡的动态发展态势，直接影响着区域经济和产业结构的协调发展。

二、应用型人才培养与区域经济联动发展的路径构建

应用型人才培养作为区域经济技术技能型人才的有效供给途径，是促进区域经济发展的助推器。从办学体制、管理体制和人才培养环节构建两者发展的有效路径，是实现应用型人才培养与区域经济联动发展的内在诉求和必然要求。

（一）注重联动办学体制

办学体制是关于谁有权举办学校以及学校如何办学的各种规章制度的总和，其中，谁有举办权是办学体制的核心。即办学体制要解决"谁投资、谁管理、怎么办"等由"谁"举办学校的问题。因此，从办学本身来讲，办学体制处于基础性、全局性地位，对管理体制、人才培养模式和投资体制等起着决定性的作用。

基于此，应着力构建"多元合作和纵横贯通的办学机制"以及"统筹配置和利益共享分配的投资吸纳体制"。

1. 构建多元合作、纵横贯通的区域联盟办学机制

区域联盟办学的目标是打破不同利益主体间的障碍，消除体制、行业和文化差异带来的限制，促进区域内各办学相关方在竞争中实现共同进步和自我成长，以实现共赢。主张在互惠合作的基础上，构建一种资源共享、机制共创、责任共担的契约化发展机制，以培养高素质技能型人才，并与区域经济形成良好的互动。

从办学模式来看，为了实现与区域经济的良好互动，需要改变传统的办学模式，构建一种"培养过程共育、共管，成果责任共享、共担"的多样化办学模式，这包括建立行业企业主导的人才培养模式，企业与高校联合办学的模式，以及探索股份制投资办学模式等。各参与主体应按比例投入办学经费，并形成相应的管理机制。

从投资主体的角度来看，该机制可以充分发挥区域联盟内多元主体的投资优势，改变以往单一的投资局限，使人才培养格局多样化，形成资产和投资单位财产共享的办学格局。

从办学规模效益来看，该机制可以在区域联盟内实现人才培养与区域产业的价值链、企业链、供需链、空间链的有机结合，实现人才培养与区域经济发展、产业布局、社会功能拓展的有机融合。

从办学体系上看，区域联盟内的应用型人才培养在横向上可以与区域内的普通教育、职业教育和成人教育交叉融合，同时可以与科技产业园区、城市社区、创业园区等实现联动发展。在纵向上，可以实现高职、应用型本科、硕博士等各层次教育的衔接，构建起以应用型高校为基础的人才培养与区域经济发展的贯通体系。

2. 构建统筹配置、利益共享分配的投资吸纳体制

随着国家经济产业结构的调整和升级，对应用型人才的需求迅速增长，这凸显了在应用型高校办学投资及配置方面存在的问题，主要问题包括：投资主体单一，主要是政府投资；投资规模不足，难以满足区域经济发展对人才的需求；

区域内投资与利益共享机制不完善，导致社会资金投资动力不足且分布不均。因此，构建一个投资统筹配置和利益共享分配的投入机制，对于确保应用型人才培养经费的持续增长、扩大投入来源渠道、促进应用型人才培养与区域经济的联动发展至关重要。构建统筹的投资吸纳体制，需要采取以下措施：

（1）从国家和政府层面出台政策，吸引社会各界、行业企业、社会资本及闲散资金主动参与办学，并将这些资金汇集到办学中。

（2）应用型高校应发挥自身在人才培养和技术转化方面的优势，积极推动创新创业，将办学与产业实践、产学研结合，增强自我筹资能力和科技成果转化能力。

（3）地方政府可以制定相应的税收减免政策、校企合作风险担保机制和利益分配机制，同时对办学经费进行合理统筹配置，确保对社会各界、行业企业等投资主体的投资利益进行公平分配，以激发投资热情。

（二）强调人才培养环节

人才培养环节是培养主体为实现人才培养目标而设计的一系列制度保障，包括培养理念、培养过程（专业设置、课程设置、教学组织和设计）、教育教学管理评价和反馈等环节。

1. 构建人才培养目标与区域需求对接机制

构建人才培养目标与区域需求对接机制首要任务是建立人才供需对接平台。该平台由区域主管机构发起，成立专门的信息收集和发布单位，负责收集人才培养单位的学科专业设置、招生规模、课程教学内容等信息。同时收集区域用人单位的人才需求状况，包括产业结构调整趋势、岗位人数需求和专业技能需求等。通过逐步建立人才需求信息的预测分析系统，实现从源头上对人才培养目标与区域人才需求之间的有效对接，确保"产销衔接"。

另外，要建立人才培养合作平台。为了使人才培养更加贴合区域需求和发展，高校应在人才培养过程中与区域用人单位建立有效的合作关系。这包括共建实训实践基地、实施教师与企业技术人才的岗位互换与挂职、共同改进课堂教学形式和内容等措施，以确保人才培养的供给方和需求方能够共同参与到培养过程中，实现双方的深度融合与合作。通过这种方式，可以确保人才培养活动更加符合区域经济和社会发展的实际需要，提高人才培养的针对性和实效性。

2. 构建学科专业、课程教学服务面向区域市场机制

学科专业设置和课程教学实施应紧密结合区域市场的需求，这是应用型人才培养与区域经济联动发展的关键。首先，应建立以服务区域经济市场为导向的学科专业设置模式。在规划应用型人才学科专业建设时，需深入调研区域的发展规划、产业布局和经济发展需求，以及未来趋势。对于区域发展急需、需求量大且存在缺口的学科专业，应给予重点支持和发展。同时，应注重师资队伍建设、实践实训基地建设和产学研结合，根据区域经济和市场的变化趋势，及时调整和优化学科专业设置。其次，要建立面向区域发展需求的人才培养过程机制。在设计人才培养方案、选择课程和教学内容、采用教学方法和手段时，应全面考虑区域产业发展和人才市场需求。区域用人单位应参与到专业培养计划的制订和实施中，实现人才培养与区域发展、课程设置与产业要求、教学环节与生产实践的有效结合。最后，要实现就业创业教育与区域发展需求的衔接。高校在应用型人才培养过程中，应通过多种合作方式，将区域的就业创业服务资源与学校的就业创业服务体系相结合，提高服务效率。同时，形成具有区域特色的就业创业指导课程，帮助学生了解区域经济社会发展趋势和人才需求，合理规划学业和职业生涯。通过这种方式，可以确保学生在就业市场上具有更强的竞争力，同时也为区域经济的发展提供有力的人才支持。

3. 构建培养过程、质量与反馈的区域联盟评估机制

对人才培养过程、培养质量及其反馈进行评估，是促进专业建设、提升教学质量、并强化教育服务与区域经济相适应的重要措施。这种评估能够明确应用型人才培养的目标和过程是否与区域的生产、建设、管理和服务需求相匹配，同时也能够发挥区域内各参与方对人才培养进行监督和检测的作用。

为了实现这一目标，应由参与区域联盟办学的相关单位共同组建一个评估委员会。该委员会应包括培养单位、企业行业以及用人单位等多方代表，共同参与制定评估体系、评估流程和实施准则。这些准则将基于应用型人才与区域经济联动发展的需求，确保评估工作的科学性和实效性。

评估机制应涵盖对人才培养过程的控制、培养质量的监控以及用人单位的反

馈等多个方面，形成一套有效的约束与激励体系。通过这一机制，可以持续优化教育培养方案，提高教育质量，确保教育成果更好地满足区域经济和社会发展的需求。同时，这也有助于建立起一个开放、透明的教育质量保障体系，增强社会各界对教育成果的认可和信任。

（三）增强管理体制建设

应用型人才培养与区域经济联动的关键在于构建区域内高校与人才培养利益相关者的跨部门、跨行业、跨体制甚至跨区域的无障碍协同管理体制，包括构建区域内人才培养与经济联动的区域应用型人才培养统筹管理机制、利益目标协同机制和各主体职能与治理结构协同机制。

1. 建立区域应用型人才培养统筹管理机制

为解决应用型人才培养中存在的定位不准确、与产业需求脱节、职业标准对接度不高，以及高校各自为战等问题，需在区域内建立系统化的应用型人才培养观念，并实施区域联盟培养管理体系和统筹管理机制。具体措施包括：

（1）形成统一的区域教育事业与经济发展共同体，由相关机构统筹规划人才培养与区域经济联动的目标、路径、职责及保障措施，确保各参与主体的协调一致。

（2）整合区域内的高等教育资源，包括普通高等教育、职业教育、成人教育以及社会技能培训机构等，建立一个衔接顺畅、资源共享、教育合力聚集、管理调控高效的应用型人才培养与区域经济联动运行机制。

（3）建立区域内应用型人才培养单位的同质联盟，构建动态的教育生态系统。强化联盟的发展管理、规划和运行体系建设，并制订协同的地方发展支持计划，利用联盟的集体力量与区域经济和市场进行资源、信息的交流与融合，形成区域内高校协同力量，提升区域内应用型人才培养的统筹管理能力。

（4）构建校企、校地、校校、校政等多方密切合作的组织机构和灵活多样的开放办学管理机制。形成校企、校政、校地互聘共培和全员聘任制度，以及与企业贡献度相挂钩的薪酬激励制度，建立协同高效的对外互动对接平台，保障应用型人才培养与区域经济联动的有效运行。

通过这些措施，可以确保应用型人才培养更加精准地满足区域经济和产业发展的需求，实现教育资源的优化配置和人才培养质量的持续提升。

2. 建立区域应用型人才培养利益目标协同机制

为实现人才培养与区域经济的联动发展，需解决不同主体在目标利益诉求上的层次性、差异性和协调性问题，这些主体包括倾向于知识生产和科学技术深度发展的学校、注重公共和社会利益的政府部门，以及追求经济收益的行业企业和其他社会组织。

（1）在统筹管理的基础上，应制定区域联盟的共同愿景、发展目标和实施方案。这些目标任务应在区域联盟各参与主体间进行明确分配，确立各自的主体责任，并协调各主体的角色和任务，从而将区域联盟的发展从跨部门、跨行业、跨学科的分割状态，转变为资源共享、优化组合、协同发展的新格局。这将促进区域人才培养与经济发展从单一的"点"式发展，向更为综合的"线"式和"面"式转变。

（2）应建立科学有效的市场利益分配机制，以激励双边合作。利益驱动是实现应用型人才培养与区域经济联动发展的关键动力。鼓励区域联盟内的各参与主体根据其专有资产进行投入，并以此作为利益分配的基础，形成混合式的投入与利益分配模式。根据收益的大小，可以采取固定支付或产出分享等方式进行收益分配。同时，联盟内的协调机构可以利用政策支持、税收调节等手段进行二次分配，以提升各参与主体的积极性和参与度。

通过这些措施，可以确保区域应用型人才培养与区域经济的联动发展更加高效、协调，实现各方利益的最大化，推动区域经济和社会的全面发展。

3. 建立区域联盟内各主体职能与治理结构协同机制

区域联盟内高校人才培养与经济联动的成功关键在于各参与主体能够超越传统的组织文化、结构限制和既有氛围，实现各自职能与联盟治理目标、结构的协同和互动，促进区域内各主体之间的跨界无缝合作。

（1）各主体需充分发挥其功能。高校作为人才培养的核心机构，应充分利用其教育资源和社会服务能力，为区域联盟的发展提供人才和智力支持。同时，各参与主体在推动自身发展的同时，也应积极承担更多的社会责任，并围绕联盟的共同目标和利益，实现共同发展和进步。

（2）建立政产学研（包括区域产业、大学或科研机构、企业）的"四轮驱动"结构模型，以发挥各方的优势：大学或科研机构的技术转让能力、企业的技术创新能力、政府在创新环境构建中的主导作用以及产业的经济增长动力，共同推动区域技术创新、技术转移和经济增长的联动目标。

（3）建立区域内的协同保障机制。围绕区域发展战略和经济建设目标，结合高校的学科、科研及人才优势，构建联盟内的信任机制和稳定的伙伴关系。以项目合作为基础，建立校企联盟，实施重大项目合同。在政产学研合作框架下，高校与政府间应建立高层领导互访机制，达成共识，并主动参与区域科技、产业和工业园区的规划，开展全面合作，形成互利信任机制。此外，建立区域内跨职能部门的协同运行平台，针对行业产业经济发展的核心问题和区域发展的重大需求，构建多团队协同和多技术集成的研发与应用平台，促进成果转化，带动区域产业结构调整和新兴产业发展。通过这些措施，可以确保区域联盟内各主体的职能与治理结构实现有效协同，推动区域经济和社会的全面进步。

第三节　面向区域经济发展的应用型人才培养模式

在当今全球经济一体化与区域化并行发展的背景下，区域经济作为推动国家整体经济发展的重要力量，其重要性日益凸显。区域经济的发展不仅依赖传统的资源禀赋和地理位置优势，更依赖区域内人才的创新能力和实践应用能力。因此，构建面向区域经济发展的应用型人才培养模式，成为促进区域经济持续健康发展的关键。

一、区域经济发展对人才的需求分析

（一）产业结构升级与人才需求变化

随着区域经济结构的不断优化和升级，高新技术产业、现代服务业以及绿色经济等新兴领域，逐渐成为区域经济发展的新引擎。这些领域的快速发展对人才的需求也发生了显著变化，更加侧重于具备跨学科知识、创新思维和较强实践能力的应用型人才。

第一，高新技术产业的崛起对具备前沿技术知识和创新能力的人才提出了迫切需求。随着人工智能、大数据、物联网等技术的广泛应用，企业需要能够运用和开发这些技术的专业人才，这些人才不仅需要掌握基础的专业知识，还要具备跨学科的综合素养。例如，人工智能领域的人才不仅需要了解计算机科学，还需要具备数学、统计学等学科的知识，以及较强的逻辑思维和问题解决能力。区域经济的发展依赖这些高素质人才的支持，他们能够推动技术创新，提升产业竞争力。

第二，现代服务业的发展同样对人才提出了新的要求。随着经济结构的转型升级，金融、物流、教育、医疗等现代服务业成为区域经济的重要组成部分。这些行业需要具有服务意识、管理能力和专业技能的人才。例如，金融行业需要具备金融理论、市场分析能力和风险管理能力的复合型人才；物流行业需要了解供应链管理、物流运作和信息技术的专业人才；教育和医疗行业则需要具有专业知识和实践能力的教师和医护人员。现代服务业的发展不仅要求人才具备专业知识，还要具备较强的沟通协调能力和服务意识，以满足不断变化的市场需求。

第三，绿色经济的崛起对环保和可持续发展领域的人才需求激增。随着全球对环境保护和可持续发展的重视，绿色经济成为区域经济发展的重要方向。绿色经济领域需要具备环保知识、技术创新和管理能力的人才。例如，新能源产业需要了解太阳能、风能等可再生能源技术的专业人才；环保产业需要掌握环境监测、污染治理和资源回收等技术的人才。这些人才不仅需要具备专业知识，还要具备创新思维和实际操作能力，能够在实际工作中应用所学知识，推动绿色经济的发展。

第四，跨学科知识和创新思维在新兴领域的人才需求中占据重要位置。随着技术和产业的不断融合，单一学科的人才已难以满足复杂多变的市场需求。例如，智能制造领域需要既了解机械工程又掌握信息技术的复合型人才；生物医药领域需要既懂生物科学又具备工程技术的跨学科人才。这些新兴领域的人才需要具备较强的学习能力和创新思维，能够在跨学科的背景下提出新的解决方案和技术创新，推动产业的发展和进步。

（二）区域特色产业发展与人才需求匹配

每个区域都有其独特的产业优势和特色，如文化旅游、农产品加工、特色制造业等。这些特色产业的发展需要与之相匹配的专业人才，他们不仅要了解区域经济的特点，还要具备将专业知识应用于实际工作的能力。

第一，文化旅游产业的快速发展对具有文化创意和旅游管理能力的人才提出了迫切需求。文化旅游作为区域经济的重要组成部分，需要既了解文化历史又具备旅游管理能力的复合型人才。例如，在具有丰富历史文化遗产的区域，需要具备文化遗产保护、文化创意和旅游开发能力的人才；在自然风光优美的旅游胜地，需要具备旅游规划、景区管理和市场推广能力的人才。这些人才不仅要具备专业知识，还要能够将其应用于实际工作中，提升文化旅游产业的竞争力和吸引力。

第二，农产品加工产业的发展需要具备农业科技和加工技术的专业人才。农业作为一些区域的支柱产业，其加工和增值过程对区域经济的发展具有重要意义。例如，在农业资源丰富的区域，需要具备农业科技、食品加工和质量控制能力的专业人才；在特色农产品加工产业中，需要了解市场需求、产品开发和品牌推广能力的人才。这些人才不仅要了解农业生产的基本知识，还要掌握现代加工技术和市场营销策略，能够推动农产品的加工增值和市场竞争力的提升。

第三，特色制造业的发展对具有工程技术和管理能力的人才需求明显。特色制造业作为区域经济的重要支撑，需要具备机械工程、电子技术和生产管理能力的专业人才。例如，在机械制造业发达的区域，需要具备机械设计、制造工艺和自动化控制能力的人才；在电子制造业集中的区域，需要具备电子设计、嵌入式系统和质量管理能力的人才。这些人才不仅要具备专业知识，还要能够将其应用于生产实践中，提高生产效率和产品质量，推动特色制造业的发展和升级。

第四，区域特色产业的发展还需要具备市场营销和品牌管理能力的人才。随着市场竞争的加剧，区域特色产业要想在市场中占据一席之地，必须具备强大的市场营销和品牌管理能力。例如，在文化旅游产业中，需要具备旅游市场推广、品牌策划和客户服务能力的人才；在农产品加工产业中，需要具备市场分析、品牌建设和销售渠道拓展能力的人才；在特色制造业中，需要具备市场调研、产品推广和客户关系管理能力的人才。这些人才不仅要具备市场营销的基本知识，还要能够根据市场需求制定有效的营销策略，提升区域特色产业的市场竞争力和品牌影响力。

二、面向区域经济发展应用型人才培养模式的策略

（一）学校与企业的深度融合

区域经济的发展对应用型人才的需求不断变化，学校与企业的深度融合成为培养应用型人才的重要策略之一。通过与企业紧密合作，学校能够更好地了解企业的实际需求，并根据这些需求调整课程设置和教学内容，确保培养的人才能够满足市场需求。

第一，学校应主动与区域企业进行对接，建立长期稳定的合作关系。这种合作不仅包括定期的沟通交流，还应包括具体的合作项目，例如联合开发课程、共建实验室、共同开展科研项目等。通过这些合作项目，学校能够及时掌握企业的最新需求和行业动态，从而在课程设置和教学内容上做出相应调整。例如，学校可以根据企业的需求，增加实践教学环节，设置与企业实际工作相关的课程，使学生能够在校期间就接触到实际工作中的问题和挑战，从而提升其解决实际问题的能力。

第二，学校可以邀请企业专家参与教学过程，共同制定人才培养方案。企业专家不仅可以为学校提供最新的行业信息和技术动态，还可以参与到具体的教学过程中。例如，企业专家可以作为兼职教师，为学生讲授专业课程，分享实际工作中的经验和案例，帮助学生更好地理解和应用所学知识。同时，企业专家还可以参与到课程设计和教学改革中，与学校教师共同制定人才培养方案，确保课程内容和教学方法能够紧密结合企业实际需求。

第三，学校应加强实习和实践基地建设，为学生提供更多的实习和实践机会。通过与企业合作共建实习和实践基地，学生可以在真实的工作环境中进行实践，积累实际工作经验。例如，学校可以与区域内的重点企业合作，建立长期稳定的实习基地，定期派学生到企业进行实习，在实际工作中锻炼和提升学生的能力。同时，学校还可以与企业合作开展项目实训，学生在企业导师的指导下，参与实际项目的开发和实施，深入了解企业的工作流程和要求，提升其实践能力和综合素质。

（二）社会参与和多方协同

在培养应用型人才的过程中，不仅仅是学校和企业的合作至关重要，还需要社会各界的广泛参与和多方协同，形成合力，共同推动应用型人才的培养。

第一，行业协会在应用型人才培养中发挥重要作用。行业协会作为行业的代表机构，对行业的发展趋势和人才需求有着深入的了解。学校可以与行业协会建立合作关系，通过行业协会了解行业最新的动态和需求，及时调整和优化人才培养方案。例如，行业协会可以定期组织行业研讨会和交流活动，邀请学校教师和学生参与，共同探讨行业发展趋势和人才需求，帮助学校更好地了解和把握市场需求。同时，行业协会还可以提供行业标准和认证，为应用型人才的培养提供规范和标准，提升人才培养的质量和水平。

第二，社会培训机构作为应用型人才培养的重要补充，可以提供多样化的培训和教育资源。例如，一些专业的社会培训机构在特定领域具有丰富的经验和专业知识，学校可以与这些培训机构合作，共同开发培训课程，为学生提供更多的学习和提升机会。例如，学校可以邀请社会培训机构的专家来校授课，开设短期培训班或专题讲座，为学生提供最新的行业知识和技能培训。同时，社会培训机构还可以为在职人员提供继续教育和职业培训，帮助他们不断提升自身的专业水平和职业能力，适应市场的变化和需求。

第三，政府和非政府组织在应用型人才培养中也扮演着重要角色。政府可以通过制定和实施相关政策，支持和推动应用型人才的培养。例如，政府可以设立专项基金，支持学校和企业的合作项目，促进产学研结合和科技成果转化。政府还可以通过政策引导，鼓励企业参与人才培养，提供税收优惠和资金支持，激励企业为学生提供更多的实习和就业机会。非政府组织作为社会的第三方力量，也可以通过组织各类公益活动和项目，为应用型人才的培养提供支持和帮助。例如，一些公益组织可以组织职业技能培训和就业指导活动，帮助学生提升就业能力和职业素养。

第四，家庭和社区在应用型人才培养中也起着不可忽视的作用。家庭作为学生的第一课堂，父母的教育观念和支持对学生的成长和发展有着重要影响。学校应加强与家庭的沟通和合作，帮助家长了解和支持学生的学习和发展。例如，学校可以定期举办家长会和家庭教育讲座，向家长介绍学校的教育理念和人才培养目标，帮助家长树立正确的教育观念，支持学生的学习和发展。社区作为学生生活和学习的重要环境，也应积极参与和支持应用型人才的培养。例如，社区可以组织各类社会实践活动和志愿服务项目，提供学生参与社会实践和服务社会的机会，帮助学生提升实践能力和社会责任感。

第四节 面向区域经济发展的应用型高技能人才培养

在全球经济竞争日益激烈的背景下，区域经济的发展愈发依赖高技能人才的支撑。高技能人才不仅是科技创新的核心力量，也是推动产业升级、提高生产效率和促进经济增长的重要引擎。特别是在区域经济发展的过程中，应用型高技能人才的培养显得尤为重要。

一、应用型高技能人才的特点

应用型高技能人才是指具备较高的专业技能和实践能力，能够在某一特定领域内进行创新和技术突破的人才。与一般技术工人相比，应用型高技能人才不仅需要掌握扎实的理论知识，还需要具备较强的动手能力和解决实际问题的能力。此外，应用型高技能人才通常具备较强的学习能力和适应能力，能够在快速变化的技术环境中不断更新自身的知识和技能。应用型高技能人才的特点可以概括为以下方面：

（一）专业技能突出

应用型高技能人才在某一特定领域内具有深厚的专业知识和高超的操作技能，能够胜任复杂的技术工作。这些人才通常经过严格的职业教育和培训，掌握了先进的技术理论和操作方法。在实际工作中，他们能够精准操作复杂的设备和工具，熟练运用专业技术解决生产过程中遇到的各种问题。专业技能的突出使得他们在工作中能够快速适应不同的工作环境，并在技术操作方面表现出色。例如，在制造业领域，高技能人才能够熟练操作数控机床、自动化生产线等高精度设备，进行复杂零部件的加工和装配。在信息技术领域，高技能人才则能够掌握各种编程语言和开发工具，进行软件设计、系统集成和网络维护等工作。无论在哪个领域，专业技能的突出都是高技能人才的核心竞争力，使得他们在行业内具有较高的职业价值和市场需求。

此外,高技能人才的专业技能不仅体现在操作水平上,还体现在对技术原理的深入理解和应用上。他们能够根据实际需求进行技术调整和改进,优化生产流程,提高生产效率和产品质量。通过不断实践和积累,高技能人才在技术应用方面的经验和能力得到了极大的提升,成为行业内不可或缺的重要力量。

(二)实践能力强

高技能人才不仅具备扎实的理论知识,还能够将其有效应用于实际操作中,解决实际生产和技术问题。实践能力的强弱直接影响着高技能人才在工作中的表现和价值。高技能人才通过多年的实践积累和经验总结,形成了独特的操作技巧和解决问题的方法,能够在复杂的工作环境中游刃有余地应对各种挑战。

在实践过程中,高技能人才需要不断进行技术操作和实验,验证理论知识的可行性和有效性。这一过程中,他们不仅要具备高度的动手能力,还需要具备敏锐的观察力和分析能力,能够迅速识别问题所在,并采取有效的解决措施。高技能人才的实践能力不仅体现在日常操作中,还体现在对突发问题和紧急情况的应对上。他们能够在紧急情况下迅速反应,采取正确的操作步骤,避免事故的发生或将损失降到最低。

实践能力的培养离不开实际操作和现场经验的积累。高技能人才通常在工作初期就进入一线岗位,通过亲身实践和师傅指导,逐步掌握各种操作技能和工作流程。在这一过程中,他们不仅学到了具体的操作方法,还积累了宝贵的现场经验和解决问题的能力。通过不断实践和总结,高技能人才的实践能力得到了不断提升,成为他们在职场中脱颖而出的重要因素。

(三)创新意识强

高技能人才具备较强的创新能力,能够在工作中提出新思路、新方法,推动技术进步和工艺改进。创新意识是高技能人才的重要特征之一,也是他们在职业生涯中取得成功的重要因素。创新不仅仅是技术上的突破,更是思维方式和工作方法的革新。高技能人才通过不断学习和实践,培养了敏锐的创新意识和探索精神,能够在工作中不断提出改进意见和创新方案。

在实际工作中,高技能人才能够根据生产实际和市场需求,进行技术创新和工艺改进，提高生产效率和产品质量。例如，在制造业中，高技能人才能够根据产品设计要求，改进生产工艺，优化生产流程，降低生产成本。在信息技术领域，高技能人才则能够根据用户需求，开发新的软件功能和应用程序，提高用户体验和产品竞争力。

创新意识不仅体现在技术层面，还体现在管理和组织层面。高技能人才能够在工作中提出新的管理方法和组织模式，优化团队协作和工作流程，提高工作效率和团队凝聚力。例如，在项目管理中，高技能人才能够根据项目实际情况，提出新的管理策略和工作方法，确保项目顺利推进和高效完成。

创新意识的培养离不开开放的工作环境和支持性的企业文化。企业应为高技能人才提供宽松的创新环境和充足的创新资源，鼓励他们大胆探索和尝试新技术、新方法。同时，企业还应建立健全的创新激励机制，对创新成果给予充分肯定和奖励，激发高技能人才的创新热情和积极性。

（四）学习能力强

高技能人才具备较强的自我学习能力，能够不断学习新知识、新技术，适应行业发展的需要。随着科技的不断进步和行业的快速发展，新的知识和技术层出不穷，只有不断学习和更新自身知识储备，才能在激烈的竞争中保持竞争力。高技能人才通常具备较强的学习能力和自我提升意识，能够主动学习和掌握最新的行业动态和技术趋势。

在学习过程中，高技能人才不仅要学习专业知识和技术，还要学习管理知识和综合素质。通过不断学习和提升，他们能够在技术操作和管理方面都具备较高的能力和素质，成为行业内的全能型人才。高技能人才的学习能力不仅体现在知识的积累上，还体现在知识的应用和转化上。他们能够将所学知识有效应用于实际工作中，提高工作效率和技术水平。

学习能力的强弱直接影响着高技能人才的职业发展和个人成长。高技能人才通过不断学习和提升，能够在职业生涯中不断突破自我，取得更大的成就。例如，通过参加各种培训和继续教育课程，高技能人才能够掌握新的技术和操作方法，提高自身的专业水平和职业素养。通过阅读专业书籍和行业期刊，高技能人才能够了解行业动态和技术前沿，保持自身的竞争优势。

企业在培养高技能人才时，应注重培养其学习能力和自我提升意识。通过提供培训机会和学习资源，鼓励高技能人才不断学习和提升。同时，企业还应建立完善的职业发展体系，为高技能人才提供良好的职业发展平台和晋升机会，激发其学习热情和积极性。

二、面向区域经济发展的应用型高技能人才培养策略

现代学徒制是一种将学校教育与企业培训相结合的人才培养模式。通过现代学徒制，学生可以在企业中接受实际操作训练，获得第一手的工作经验，同时在学校接受系统的理论教育，提高综合素质和职业技能。

（一）职业教育改革

职业教育是培养应用型高技能人才的重要渠道，尤其在推动区域经济发展方面，职业教育改革显得尤为关键。通过对职业教育的系统改革，可以优化课程设置，注重实践教学，提升教学质量，从而培养出更多适应区域经济发展需求的高技能人才。

第一，优化课程设置是职业教育改革的首要任务。传统职业教育往往重理论、轻实践，这导致学生在毕业后难以迅速适应工作岗位的实际需求。为了改变这一现状，职业教育应当紧密结合市场需求和产业发展趋势，调整和更新课程内容。例如，在制造业发达的区域，职业教育应重点培养机械加工、数控技术等方面的高技能人才，而在信息技术领域快速发展的区域，则应注重培养软件开发、网络工程等专业人才。通过这种针对性强的课程设置，职业教育可以更好地为区域经济发展提供符合实际需求的高技能人才。

第二，实践教学是职业教育改革的核心环节。职业教育的目标是培养具备实际操作能力和解决问题能力的高技能人才，因此，实践教学必须得到充分重视。学校应与企业合作，建立实训基地，为学生提供真实的工作环境和实践机会。例如，学生可以在企业实习期间，参与实际项目的研发和生产过程，积累宝贵的实践经验。学校还可以邀请企业专家担任兼职教师，教授学生最新的行业技术和操作技能，帮助学生更好地掌握实际应用能力。

第三，提升教学质量是职业教育改革的基础保障。为了保证职业教育的质量，学校应加强师资队伍建设，提升教师的专业素质和教学能力。学校可以通过教师培训、引进高水平人才等方式，不断提升教师的教学水平和实践能力。同

时，学校还应建立科学的教学评价体系，对教学质量进行全面监控和评估，确保教学效果达到预期目标。

（二）培训和继续教育

高技能人才的培养不仅仅局限于学校教育，还需要通过培训和继续教育来提升其技能水平和适应能力。通过组织各类技能培训和继续教育，可以帮助高技能人才不断更新知识，掌握新技术，提升职业素养，从而更好地满足区域经济发展的需求。

第一，技能培训是提升高技能人才技术水平的重要途径。随着科技的不断进步和产业的快速发展，新的技术和设备层出不穷，高技能人才需要不断学习和掌握这些新技术，才能保持竞争力。企业应定期组织技能培训，为员工提供学习新技术和操作新设备的机会。例如，在制造业企业中，企业可以组织数控机床操作、工业机器人编程等方面的培训，提高员工的操作技能和生产效率。在信息技术企业中，企业可以组织软件开发、网络安全等方面的培训，帮助员工掌握最新的技术和方法，提升工作能力和职业素养。

第二，继续教育是高技能人才自我提升的重要手段。高技能人才不仅需要不断学习新技术，还需要提升自己的综合素质和管理能力。通过继续教育，员工可以系统学习管理知识和技能，提升自己的领导力和团队协作能力。例如，企业可以与高校合作，开设在职学历教育和职业资格认证课程，为员工提供继续深造的机会。同时，企业还可以组织管理培训、团队建设等方面的活动，提升员工的综合素质和职业素养。

第三，政府和企业应共同搭建培训和继续教育的平台，为高技能人才提供更多的学习和提升机会。政府可以通过政策支持和资金投入，鼓励企业和学校开展各类培训和继续教育活动。例如，政府可以设立专项基金，支持企业开展技能培训和继续教育，减轻企业的培训成本。企业则应积极参与政府的培训和继续教育项目，为员工提供充足的学习资源和平台。

（三）建立健全激励机制

建立健全的激励机制对于吸引和留住高技能人才至关重要。通过提供优厚的薪酬待遇、良好的职业发展机会和工作环境，可以激发高技能人才的工作积极性和创造力，促进其在区域经济发展中发挥更大作用。

第一，提供优厚的薪酬待遇是吸引和留住高技能人才的基本手段。高技能人才在市场上具有较高的竞争力，企业应根据市场行情，制定有竞争力的薪酬政策，确保高技能人才的薪酬水平在行业内处于领先地位。例如，企业可以通过设置绩效工资、年终奖等方式，激励员工努力工作和不断提升自己的技能水平。同时，企业还应根据员工的工作表现和贡献，定期调整薪酬水平，确保薪酬体系的公平性和激励性。

第二，提供良好的职业发展机会是激发高技能人才工作积极性的关键因素。高技能人才不仅关注当前的薪酬待遇，还关注未来的职业发展前景。企业应为高技能人才提供明确的职业发展路径和晋升机制，帮助其实现职业目标和个人价值。例如，企业可以通过设置管理岗位和技术岗位双轨制的职业发展通道，为高技能人才提供多样化的职业选择。企业还可以通过组织职业规划培训和职业发展咨询，帮助员工制订合理的职业发展规划，提高其职业满意度和忠诚度。

第三，提供良好的工作环境是吸引和留住高技能人才的重要保障。高技能人才在选择工作时，除了薪酬待遇和职业发展机会外，还关注工作环境的舒适度和工作氛围的融洽性。企业应为高技能人才提供良好的工作环境和福利保障，例如，提供舒适的办公设施、完善的生活福利和丰富的文化活动，增强员工的归属感和幸福感。同时，企业还应注重营造良好的企业文化，提倡团队合作和创新精神，激发员工的工作积极性和创造力。

第四，政府和企业应共同建立和完善高技能人才的激励机制，为高技能人才的培养和发展提供有力的支持。政府可以通过政策支持和资金投入，鼓励企业建立健全的激励机制，例如，设立专项基金，奖励在技术创新和工艺改进方面做出突出贡献的高技能人才。企业则应积极落实政府的激励政策，结合自身实际情况，制定科学合理的激励措施，激发高技能人才的工作热情和创新潜力。

第四章 引领区域经济可持续发展的创新人才培养

第一节 创新人才培养与区域经济发展的相互作用

一、创新人才的认知

"目前，我国正处于经济转型的关键时期，经济的高质量发展根本在于经济的活力、创新力和竞争力，关键在于人的作用，特别是创新人才"[1]。

创新人才是指不断在社会实践中逐步形成的具备强烈创新意识和创新观念，具有坚忍不拔的创新意志和顽强的毅力以及掌握科学的创新思维方法的人。与一般的人才相比，创新人才要具有独立的人格、能够主动适应社会的创新意识与能力、能够创造性地应用获取的知识与信息来提炼与创造出新知识的技能和能力、能运用逻辑和形象思维方式对事物进行整理、分析、综合、归纳和评价，并形成独到的新见解。下面从四个方面具体解释它的内涵。

（一）创新人才的个性品质

创新人才的成功往往离不开其鲜明的个性特征，这些特质在思维模式和认知能力的发展中起到了至关重要的作用。本文将探讨创新人才所需具备的个性品质，包括独立思维、卓越人格特质以及心理特质的重要性。

1. 独立思维与认知能力

创新人才往往展现出独立思维和高度的认知能力，这些能力对于突破传统、提出新理念和解决复杂问题至关重要。尽管个性属于非认知性因素，但其在塑造

---

[1] 吴宏丹. 高校创新人才培养探讨 [J]. 合作经济与科技, 2023（17）: 84.

个体的思维方式和行为反应中起到了决定性作用。缺乏独立思维的个体往往倾向于从众，难以在其专业领域内实现真正的创新性突破。

独立思维的培养需要个体具备自主学习和自我反思的能力。这种能力不仅仅表现为对已知事实和理论的质疑，更重要的是能够从不同的视角审视问题，勇于挑战传统观念和现状，寻求新的解决方案。例如，在科学研究中，具有独立思维的科研人员常常能够发现并推动科学理论的进步，通过跳出传统思维的束缚，提出具有革命性意义的新理论和方法。此外，独立思维还体现在决策和行动上的果断性和独立性。创新人才通常能够在面对复杂问题和不确定性时，做出迅速的决策并承担责任。这种能力不仅在学术研究中表现突出，在商业创新和社会变革中同样具有重要意义。因此，科研机构和企业在培养创新人才时，需重视独立思维的培养，通过课程设置、导师指导和项目实践等方式，激励和支持学生和员工发展独立思考的能力。

2. 卓越的人格特质

创新的本质是对现有传统或现状的超越，因此，创新人才必须具备卓越的人格特质，这些特质不仅包括个性的独立性，还涉及品德和行为的高度一致性和稳定性。个性培养的核心在于激发创造性思维，缺乏个性和独立人格的个体，往往容易陷入从众心理和守旧态度，这将严重阻碍新问题的发现和创新的实现。

（1）卓越的人格特质包括坚定的信念和价值观。创新人才往往具备坚定不移的信念和对事业的高度责任感，这种品质使他们能够在面对挑战和困难时保持积极向上的态度，并以创新的方法寻求解决方案。

（2）卓越的人格特质还包括高度的责任感和道德品质。创新人才不仅追求技术和商业上的成功，还关注其行为对社会和环境的影响。因此，他们在创新过程中不仅考虑技术的先进性和商业的可行性，还注重伦理和社会责任的履行。例如，环境保护和社会公益成为越来越多创新企业和科研机构关注的重点，这反映了创新人才在道德和社会责任感上的高度表现。

（3）卓越的人格特质还包括与他人合作和领导团队的能力。尽管创新往往与个体的独立思考和行动密切相关，但在实际推动创新时，团队合作和领导能力同样不可或缺。创新人才能够在团队中发挥积极的作用，通过有效的沟通、协调和激励，推动团队实现共同的创新目标。

3. 心理特质的重要性

创新人才的心理特质包括包容性、质疑性和自信性，这些特质在现代创新环境中具有重要的作用。包容性体现了现代创新精神在心理层面的深层次体现，具有包容性的个体能够开放心态地接受和吸收新知识，这对于创新的启发和推动至关重要。

（1）包容性使个体能够在多样化和跨文化的环境中保持开放和灵活的思维方式。创新不仅仅涉及技术和产品的创新，还包括组织结构、市场策略和社会治理等多个领域的创新。具有包容性的创新人才能够从不同文化背景和学科领域中获取灵感和启发，这有助于他们在创新过程中更好地理解和应对复杂问题。

（2）质疑性是创新人才必备的心理特质之一。质疑性指的是个体对现状和传统观念持怀疑态度，并有能力挑战和改进现有的做法和理论。在科学研究和商业创新中，质疑性能够帮助创新人才发现问题的本质，从而提出更为有效的解决方案。例如，在技术创新中，质疑性促使科研人员不断探索和测试新的理论假设和实验方法，以验证其科学的可行性和实用的效果。

（3）自信性是创新人才心理特质的重要组成部分。创新往往伴随着不确定性和风险，具备自信性的个体能够在面对挑战和失败时保持坚定的信念和积极的态度。自信性不仅表现为对自身能力和创新理念的坚定信念，还体现在对团队和合作伙伴的信任和支持上。例如，创新领导者往往能够通过自信和果断的决策，带领团队克服挑战，实现战略目标。

（二）创新人才的素质修养

第一，科学的世界观与人生观。科学的世界观与人生观是创新人才必备的精神支柱。世界观是个体对世界本质、结构和发展规律的总的看法和根本观点，而人生观则是个体对人生目的、意义和价值的根本看法。科学的世界观强调实证主义和理性思维，认为知识来源于实践，通过观察、实验和逻辑推理来认识世界。这种观点促使创新人才在面对未知和挑战时，能够以开放的心态接受新知识，以批判性思维分析问题，以创造性思维寻求解决方案。人生观则影响个体的价值观和行为准则，科学的人生观鼓励个体追求真理、尊重生命、促进社会进步，这为创新人才提供了道德指引和动力源泉。创新人才在科学的世界观和人生观指导下，能够更好地理解社会需求，预测科技发展，推动知识创新和社会进步。

第二，优良的心理品质。优良的心理品质是创新人才成功的关键因素之一，这包括但不限于坚韧的意志力、积极的进取心、开放的思维模式和良好的情绪管理能力。坚韧的意志力使创新者在面对困难和失败时不轻言放弃，能够持续地追求目标。积极的进取心激发创新者不断探索未知，勇于尝试新方法。开放的思维模式允许创新者接受多元的观点和思想，促进跨学科的交流与合作。良好的情绪管理能力帮助创新者在高压环境下保持冷静和专注。此外，创新者还需要具备高度的自我效能感，相信自己有能力完成创新任务，这种自信是推动创新活动的重要动力。优良的心理品质不仅有助于创新者在科研和工作中取得成功，也有助于他们在社会生活中建立积极的人际关系，形成支持创新的社会环境。

第三，雄厚的知识基础。雄厚的知识基础是创新活动的基石。创新不是空中楼阁，它需要坚实的科学理论和方法论作为支撑。广泛的科学知识使创新者能够理解复杂现象背后的原理，掌握解决问题的工具和技巧。创新人才必须具备跨学科的知识结构，这不仅包括对本专业领域的深入理解，还包括对相关领域知识的广泛涉猎。例如，一个物理学家在进行量子计算的研究时，除了需要深厚的物理学知识外，还需要了解计算机科学、信息论等相关领域的知识。此外，创新者还需要掌握科学的研究方法，如实验设计、数据分析和理论建模等，这些方法能够帮助他们系统地探索问题，验证假设，得出可靠的结论。

第四，高水平的创新能力。所谓高水平，是指他们的创新成果能明显促进科技进步和社会发展。从创新能力方面考察创新人才应该具有以下三种能力：一是具有创造性地获取知识与信息的技能和能力，即具有高水平地获取、贮存、记忆、交流信息的技能及由此形成的自主学习能力。二是具有创造性地应用已有知识、提炼与创造新知识的技能和能力，即具有创造性地运用所学知识，在复杂的外在世界中，发现问题、提出问题，并综合地分析问题、研究问题和解决问题的能力。三是具有创造性的思维能力，即具有良好的心智技能和能力，能运用逻辑和形象思维方式对事物进行整理、分析、综合、归纳和评价，并形成独到的新见解。

（三）创新人才的智力结构

智力，是指人们认识能力和活动能力达到的水平，是人的思维能力和强度的综合指标，包括观察能力、记忆能力、思维能力、实践能力和表达能力。故智力是各种能力的综合。智力结构是智力的构成，创新人才的智力结构组成如下：有分析、综合型的观察能力；有高度检索性的记忆能力；高度的理论思维和创造性思维能力；丰富的想象能力；良好的表达能力；熟练的操作能力及很强的活动能力。

(四) 创新人才的类型划分

1. 企业的创新人才

企业在众多创新主体中扮演着核心角色，是区域创新体系中最为活跃和关键的组成部分。在这一体系中，企业是技术创新的主导力量，承担着创新决策、投资、研发以及承担创新风险和获取创新收益的多重角色。

作为市场经济的主体，企业为了生存和发展，必须拥有自主的经营决策权，这使得企业能够在市场竞争中掌握自身命运。企业对于是否进行创新以及创新方向的决策，将直接影响其未来产品的研发路径，甚至决定其在市场竞争中的成败。企业参与研发活动的主要成果之一是能够拥有自主的科研成果，这些成果是根据市场需求而开发的。通过建立自己的研发机构、招募一定比例的研发人员，企业能够拥有专利、知识产权和科研成果，成为研发的主导力量。

创新过程需要投入，而对创新人才的投资是其中的关键部分。无论是技术创新、产品研发、投资策略还是市场宣传，都需要高素质的创新人才的参与。这些人才不仅能够为企业带来新的思维方式和解决方案，还能够推动企业在激烈的市场竞争中保持领先地位。

2. 科研机构的创新人才

科研机构在结构上可分为两大类：一类是独立的公共研究机构，这些机构主要依赖国家资金支持，其研究领域通常包括基础研究以及对国家经济、社会发展、国家安全和国家综合实力具有深远影响的技术开发；另一类是附属型研究机构，它们主要面向市场需求和客户，进行针对性的研究与开发。隶属于学校的研究机构的核心职责是进行知识创新、知识传播和知识转移，同时开展与教学紧密相关的基础研究。科技进步对经济增长的贡献是显著的。科研人员素质的提升能够显著推动科学技术的发展，而科技的发展依赖于创新人才，尤其是那些在发明和创造方面具有突出能力的人才。发明创造涉及在科学和技术领域提出新思想、新原理和新方法，这需要一支高素质的科学家和工程技术人员队伍，这些创新人才在全国范围内的科研机构中发挥着重要作用。

2. 高校的创新人才

高校主要承担着创新人才的培养以及知识生产和传播的任务。随着社会和经济的发展，高等教育被赋予了新的、崇高的使命。显而易见，作为教育体系中的高层次形式，高等教育在支持经济发展方面发挥着至关重要的作用。一般而言，高校教育主要通过培养具备市场竞争力的高技能人才和积极参与科技创新活动，从而推动社会经济的发展。高校通过其教育和研究活动，不仅为社会输送了大量具备创新能力和实践技能的毕业生，而且通过科研成果的转化，直接促进了技术进步和产业升级。高校的创新人才在学术研究、技术开发和知识传播等多个领域发挥着关键作用，是推动社会进步和经济发展的重要力量。

二、创新人才培养与区域经济发展的相互作用框架

（一）创新人才是区域经济发展的推动力量

人是生产力中最重要、最具有决定性的因素，人才在区域经济发展中具有基础性、战略性和决定性作用。一个区域的建设，科技是关键，人才是核心，教育是基础，归根结底取决于劳动者素质和创新人才的数量质量。创新人才是大量人才资源中的精华，是提高自主创新能力、实现经济增长转变的重要推动力量。

第一，创新人才资源的开发利用，不仅可以直接促进社会生产力的进步，而且可以优化区域人才资源结构，有助于从根本上提高其他生产要素的利用与配置效率，实现区域经济持续、快速、协调、健康发展和社会全面进步。因此，高技能创新人才已经成为区域经济生产的关键要素。创新人才的存在和作用，不仅体现在他们个人的创造力和工作效率上，更重要的是他们能够带动和引导整个团队和组织的创新活动，从而形成更大的经济效益和社会效益。

第二，创新人才对区域经济发展的推动作用还体现在他们能够促进科技成果的转化和应用上。创新人才在科研、技术开发和应用等方面具有较高的专业素质和创新能力，能够将最新的科技成果转化为实际生产力，推动区域产业结构的优化升级。例如，在高新技术产业集聚区，创新人才的集聚和发挥作用，可以加速

新技术、新产品的研发和推广，提升区域经济的整体竞争力。

第三，创新人才还可以通过创业和创办高科技企业，直接推动区域经济的发展。创新人才具有较强的创新意识和创业能力，他们能够抓住市场机遇，利用自身的专业知识和技术优势，创办高新技术企业，带动相关产业的发展，增加区域经济的活力和创新动力。例如，硅谷作为全球著名的高科技产业聚集区，其发展历程中就涌现了大量具有创新精神和创业能力的高技能人才，他们通过创业和创新，推动了硅谷乃至全球信息技术产业的迅猛发展。

因此，只有针对性地培养创新人才，才能保证人才兴业战略和推动区域经济发展的方针得以顺利实施，使之成为推动区域经济发展的主要力量和最直接的动力源泉。区域经济的健康发展离不开高技能创新人才的支撑，创新人才的培养和使用已经成为区域经济竞争的核心要素。通过科学合理的人才培养和引进政策，构建完善的创新人才培养体系，可以有效提升区域经济的自主创新能力和综合竞争力。

（二）创新人才培养是构筑区域竞争优势的要素

创新是一个民族进步的精髓，是一个国家兴旺发达的不竭动力。创新系统应运而生，成为推动区域经济发展的核心要素。随着经济全球化进程不断加快，科技进步日新月异，以经济为基础、科技为先导的综合实力竞争更为激烈，而这种竞争最终反映为人才的竞争。因此，培养高技能创新人才不仅是高校自身发展的需要，也是区域经济发展的客观要求，竞争呼唤富有创新精神和创新能力的人才。

第一，一个地区的发展和建设对于人才的需求是多样化的，其中创新人才已经成为竞争的焦点。谁拥有创新人才，谁就拥有竞争力，谁就拥有主动权。创新人才培养的目标不仅是提高个人的专业能力和技术水平，更重要的是培养他们的创新意识和创新能力，使他们能够在复杂多变的环境中不断探索和尝试新的方法和技术，推动区域经济的不断发展和进步。

第二，高校在创新人才培养中发挥着重要作用。高校作为知识和创新的源泉，肩负着培养高技能创新人才的重要使命。高校应根据区域经济发展的实际需求，制定科学合理的人才培养方案，注重培养学生的创新意识和实践能力。例如，通过开设创新创业课程、组织科技竞赛和创新实验项目等方式，激发学生的创新潜能，提高他们的创新能力和综合素质。

第三，政府和企业也应积极参与创新人才的培养。政府应通过政策支持和资金投入，鼓励高校和科研机构开展创新人才培养工作，建立健全创新人才培养和使用的体制机制。例如，通过设立创新人才专项基金、支持高校和科研机构与企业合作开展技术研发和人才培养项目，推动创新人才培养工作的发展。企业作为创新活动的主体，应积极参与创新人才的培养和使用，提供良好的工作环境和发展平台，激发创新人才的工作积极性和创造力。

第二节 基于区域经济发展的创新人才培养模式构建

一、基于区域经济发展创新人才培养模式构建的原则

创新人才培养要遵循贯彻国家在高等教育领域的有关方针和政策，坚持政策导向与市场导向相结合的原则；适应区域经济发展的需要，掌握坚实的理论基础和系统的专门知识，有较宽的知识面和较强的自学能力，具有从事科学研究或独立担负专门技术工作的能力的原则；富有开拓创新精神，动手实践能力强，创新能力强的原则。

（一）满足社会需要的原则

一个区域的经济结构和产业结构的调整，反映在对应用型人才的需求方面是多种多样的。因此，培养创新人才必须满足社会对该类人才的需求。无论通过何种渠道培养，都应本着满足社会需要和经济发展的原则。只有这样，人才的培养才具有实际意义。满足社会需要意味着紧密联系地方实际，紧跟市场需求，瞄准地方经济发展和社会进步的特殊需要，在人才的知识结构和能力体系的某些方面有所突破，形成特色和品牌，而不是盲目求大、求全。

在市场经济条件下，人力资源日益市场化，高校作为国家人力资源开发的基本力量，应从市场需求出发，加强专业设置的应用性，不断挖掘新的专业，建立适销对路的专业或专业群，这是高校课程与课程体系建设的基础性工作，同时也是最重要的工作。对于高等院校开设的专业而言，创新人才的培养取决于行业和

产业的要求，取决于企业和企业具体岗位的需要。因此，高校必须密切关注市场和社会的需求动态，及时调整和优化课程设置和教学内容，以适应区域经济发展的实际需要。

区域经济发展对高技能创新人才的需求多种多样，涵盖了科技、金融、制造、服务等多个领域。因此，高校在人才培养过程中应注重跨学科、跨专业的综合素质培养，既要培养学生的专业知识和技术能力，也要注重培养他们的管理能力、沟通能力和团队合作精神。此外，还应加强与地方政府和企业的合作，建立校企合作、产学研结合的长效机制，促进创新人才培养与地方经济发展的紧密结合。

在实际操作中，高校可以通过开设定制化课程、建立企业实训基地、组织企业专家讲座等方式，加强与地方企业的合作，了解企业的实际需求，及时调整人才培养方案。例如，在高新技术产业集聚区，可以根据企业对高技能人才的具体要求，开设相关的技术课程和实践项目，培养既有理论基础又有实践经验的应用型人才，为地方经济发展提供强有力的人才支持。

（二）统一性与多样性相结合的原则

创新型人才除了要具备基本的知识和能力，即具有统一性外，还要根据自身从事的专业的不同，保持多样性。社会需求的多样性，决定了创新人才的培养不应是单一模式的标准化人才，而应当不拘一格造就多样化人才。应当培养具有专业知识、实践能力和创新素质的复合型人才，而不是仅仅拥有专业知识、高分低能的片面性人才。

在统一性方面，创新人才应具备扎实的专业基础知识和基本技能，这些知识和技能是他们从事各类创新活动的必要条件。同时，在多样性方面，创新人才应根据自身所从事的专业领域，培养出具有不同特长和能力的多样化人才。例如，对于从事科技研发的创新人才，应注重培养他们的科研能力和创新思维；对于从事管理和运营的创新人才，则应注重培养他们的管理能力和领导力；对于从事文化创意产业的创新人才，则应注重培养他们的艺术素养和创意能力。

统一性与多样性相结合的原则，还要求在创新人才培养过程中注重个性化教育，根据学生的兴趣、特长和职业发展目标，提供多样化的学习路径和发展机会。例如，在高校中可以通过选修课程、跨学科联合培养、个性化辅导等方式，满足不同学生的学习需求，培养出具有不同特长和能力的多样化创新人才。此外，高校还应加强与社会各界的合作，借助社会资源和力量，丰富创新人才的培养方式和途径。例如，可以与科研机构、行业协会、文化创意公司等合作，开展联合培养、实践培训、创新竞赛等活动，为学生提供更多的实践机会和发展平台，培养出具有统一性和多样性的高技能创新人才。

（三）知识能力与素质协调发展的原则

随着科技的快速发展和人们对高等教育功能认识的深化，人们开始关注人才身心的发展和综合素质的提高。坚持知识、能力、素质协调发展，是高校培养高素质应用型人才的基本前提。

创新型人才要有一定的知识广度，不仅要有扎实的专业基础知识，同时还要有过硬的应用性知识，并具备一定的科学人文知识和相关的财务、管理和人际关系方面的知识。在能力方面，高素质应用型人才不仅要有一定的操作实践能力，还要有较强的创新能力、分析问题和解决问题的能力。应用型人才需要将发现、发明、创造转化为可实践的成果，主要承担转化应用和实际生产的任务，因此需要具备一定的生产实践能力。

在知识方面，高校应注重课程设置的综合性和跨学科性，通过开设多样化的课程，丰富学生的知识结构。例如，可以开设科技与人文、管理与技术等跨学科课程，培养学生的综合素质和跨领域的思维能力。在能力方面，高校应注重实践教学和创新能力的培养，通过实验教学、项目实践、实习实训等方式，培养学生的实际操作能力和创新能力。此外，在素质方面，高校应注重学生的身心发展和综合素质的提高，通过开展素质教育、心理健康教育、体育锻炼等活动，培养学生的综合素质和健康的身心。例如，可以通过组织体育活动、艺术活动、志愿服务等，培养学生的团队合作精神、沟通能力和社会责任感。

（四）创新人才培养与经济社会协调发展的原则

建设创新型国家的根本意义在于促进经济社会的又好又快发展。推动经济与社会发展是高技能创新人才培养的出发点和归宿。因此，高技能创新人才培养必须与经济社会发展相协调。

第一，高技能创新人才培养要有远见性和战略眼光。应着眼于未来，适应经济社会发展的需求，特别是建设创新型国家对一线创新人才的需求，推动技术创新和实现科技成果转化。例如，高校应根据国家和区域经济发展的战略需求，制订科学的人才培养规划，注重培养具有前瞻性和创新能力的高技能人才。

第二，促进高技能创新人才的总量与经济社会发展目标相适应。围绕经济社会发展目标，制订相应的高技能创新人才资源规划，从数量上满足经济社会发展对高技能创新人才的需求，加快人才培养结构调整，优化人才资源配置。例如，政府和企业应通过政策支持和资金投入，促进高校和科研机构的人才培养工作，确保高技能创新人才的培养规模和质量。

第三，高技能创新人才的素质要与创新型国家建设的要求相适应。创新型国家建设对人才素质提出更高要求，高技能创新人才培养要与创新型国家建设紧密结合，使高技能创新人才的素质结构与社会需求相适应。例如，高校应根据国家和区域经济发展的实际需求，优化课程设置和教学内容，培养出具有高素质和创新能力的高技能人才。

第四，高技能创新人才培养要与创新型企业建设发展相适应。创新型企业建设是实现经济社会科学发展的必然要求，是推进产业结构优化升级、转变经济增长方式的迫切需要。创新型企业迫切需要能够解决生产流程、工艺难题的高技能创新人才。因此，高技能创新人才的培养途径应包括企业内部培训和实际研发锻炼，通过企业与高校、科研机构的合作，培养出满足企业需求的高技能人才。

二、基于区域经济发展创新人才培养模式构建的内容

（一）学校层面创新人才培养

在全球化和知识经济的背景下，学校层面创新人才培养的形式必须与时俱进，不断探索新的途径和模式，以应对瞬息万变的社会需求和挑战。创新人才的培养不仅仅是教育的任务，更是社会发展的重要推动力。因此，学校必须在创新人才培养的形式上进行多方面的改革和创新，才能适应未来社会对高素质、具有创新能力和实践能力人才的需求。

1. 多元化课程设置与交叉学科培养

多元化的课程设置是培养创新人才的重要途径。传统的课程设置往往以学科

为基础，课程内容较为单一，难以满足现代社会对复合型人才的需求。为了培养具有创新能力的人才，学校应打破传统的学科界限，构建多元化的课程体系。通过开设跨学科、跨专业的课程，使学生在掌握本专业知识的同时，能够涉猎相关学科的知识，培养广泛的知识面和综合运用知识的能力。

跨学科的培养方式不仅可以拓宽学生的视野，还可以激发学生的创新思维。现代科学技术的发展越来越依赖多学科的交叉与融合，通过跨学科的课程设置，学生可以从不同的学科角度思考问题，形成多元化的思维方式。例如，工科学生可以选修管理学、经济学等课程，文科学生可以学习计算机科学、数据分析等课程，从而在不同领域之间建立联系，发现新的研究方向和创新点。

2. 实践导向的教学模式

实践导向的教学模式被广泛认为是培养创新人才的关键路径之一。传统的课堂教学虽然能够有效传授理论知识，但仅仅停留在理论层面的学习，难以完全激发学生的实际操作能力和创新潜力。因此，现代教育理念强调在教学过程中增加实践环节，通过实验课程、实习实践和项目研究等多样化形式，将学生置身于真实的学习场景中，从而提升其实际能力和解决问题的能力。

（1）实践导向的教学模式通过实验课程的设置，使学生能够直接参与到科学研究或工程实践中。例如，在工科领域，学生通过实验课程不仅仅是理论知识的学习，更是对课本知识在实际操作中的验证和应用。这种过程不仅加深了学生对学科本质的理解，还培养了他们在实验设计和数据分析中的能力，为未来的科研和工作打下坚实的基础。

（2）实践导向的教学模式还包括实习实践和项目研究。通过参与企业实习或科研项目，学生可以将学到的理论知识应用于实际问题的解决中，从而在实践中不断积累经验和提升技能。例如，工科专业的学生在企业实习中，不仅学习到生产流程和技术应用，还能够体验到团队协作和项目管理的重要性，培养出色的实际操作能力和解决问题的能力。

（3）实践导向的教学模式强调创新思维的培养。通过项目研究，学生面对复杂的问题和挑战，需要运用所学的知识和技能，提出新颖的解决方案。这种过程不仅锻炼了学生的创造力和创新意识，还培养了他们在团队合作和跨学科交流中的能力，使其具备面对未来社会需求和挑战的能力。

3. 开放式教育与国际化合作

在全球化背景下，开放式教育与国际化合作已经成为现代高等教育的重要组成部分。这种教育形式不仅能够为学生提供更广阔的学术视野和实践机会，还能够促进全球科技和文化的交流与融合，培养具有国际竞争力的创新人才。

（1）开放式教育强调学校与社会、行业及其他国家和地区的广泛合作。通过与国际一流大学和研究机构建立合作关系，学校可以开展联合培养项目、共同研究和学术交流活动。这些合作不仅丰富了课程内容和教学资源，还为学生提供了参与国际合作和交流的机会，拓展了其学术和职业发展的国际化视野。

（2）国际化合作促进了跨文化交流与理解。通过与来自不同国家和地区的学生和教师交流，学生可以了解和体验不同的教育理念、学术传统和社会文化，提升其跨文化沟通和合作能力。例如，参与双学位项目或国际交换生项目的学生，不仅可以学习到国外先进的学术研究和实践经验，还能够在多元化的学术环境中发展全球视野和国际竞争力。

（3）国际化合作激发学生的创新潜力。在国际合作项目中，学生面对来自不同文化背景和学科领域的挑战和机遇，需要运用跨学科知识和创新思维解决实际问题。这种过程不仅培养了学生的创新能力和解决问题的能力，还激发了他们对全球性挑战和发展前景的理解和探索。

4. 创新创业教育与孵化平台建设

创新创业教育作为培养创新人才的关键环节，在现代高等教育中占据重要地位。学校应当通过建设创新创业孵化平台，系统性地支持学生在创新和创业领域的发展，从而促进其创新思维和实践能力的全面提升。

（1）学校可以开设多样化的创新创业课程，涵盖从创意生成到商业化推广的全过程。这些课程不仅仅是理论教学，更侧重于实际操作和案例分析，旨在培养学生的创新意识和解决问题的能力。例如，通过邀请成功企业家和创业导师进行讲座和实地指导，学生能够从实践中学习到如何识别市场机会、有效管理创业风险以及构建持续创新的组织文化。

（2）建设创新创业孵化器是支持学生创业的重要手段之一。孵化器不仅提供物质支持如办公场地、设备和技术资源，还为创业团队提供专业化的指导和管理服务。例如，学校可以通过设立创业基金，向有前景的创业项目提供启动资金，帮助学生将创意转化为商业实体。此外，孵化器还可以与校外投资者和产业合作伙伴建立联系，促进创业项目的市场化和持续发展。在这样的创新创业环境中，学生不仅仅是知识的接受者，更是创新活动的主体和实践者。他们通过参与创业实践，不断调整和优化自己的创新想法，学会面对市场竞争和挑战，培养出勇于探索和敢于冒险的精神。这种全方位的支持和服务，有助于学生在安全和支持的环境中尝试和发展自己的创新创业项目，为未来的职业发展奠定坚实的基础。

5. 个性化培养与导师制

个性化培养是提升学生创新能力和个人发展的重要途径。在现代高等教育中，学校应当根据每位学生的兴趣、特长和职业目标，制订个性化的学习和发展计划，通过导师制等形式，因材施教，充分激发学生的潜能和创新能力。

（1）导师制度在个性化培养中发挥着重要作用。通过为每位学生配备专业导师，学校能够根据学生的学术背景和兴趣爱好，提供量身定制的学术和职业指导。导师不仅仅是学术上的指导者，更是学生个人成长和职业发展的重要支持者。例如，导师可以根据学生的学习进展和兴趣，推荐适合的研究项目或实习机会，帮助学生扩展学术视野和职业发展路径。

（2）个性化培养强调因材施教，充分发挥每位学生的特长和潜能。通过定制化的学习计划和课程设置，学校能够满足学生多样化的学习需求和个人发展目标。例如，对于具有创新倾向的学生，学校可以设置专门的创新项目或实验室课程，让他们有机会深入探索自己感兴趣的领域，发挥出色的创新能力和实践能力。

（3）导师制度不仅有助于学术上的提升，还能够培养学生的创新思维和解决问题的能力。在导师的指导下，学生参与科研项目或实践活动，不仅能够学习到专业知识和技能，还能够培养团队协作和领导能力，为未来的职业发展做好充分准备。

6. 校企合作与产学研结合

校企合作与产学研结合是培养创新人才的重要途径。通过与企业合作，学校可以将科研成果转化为实际应用，提升学生的实践能力和创新能力。例如，学校可以与企业合作建立实习基地，开展联合培养项目，使学生在企业的实际工作环境中，锻炼自己的实践能力和创新思维。同时，学校还可以与企业合作开展科研项目，通过产学研结合的方式，将学校的科研优势与企业的实际需求结合起来，推动科技成果的转化和应用。在这样的合作模式下，学生不仅可以掌握最新的科技知识和技能，还可以了解行业发展的最新动态，提升自己的职业竞争力和创新能力。

7. 学术交流与科研竞赛

学术交流与科研竞赛是培养创新人才的重要形式。通过参加学术交流活动和科研竞赛，学生可以展示自己的科研成果，交流学习经验，提升科研能力和创新思维。例如，学校可以组织学生参加各种学术会议、研讨会、科研竞赛等活动，为学生提供展示自我、交流学习的平台。

在这样的学术交流和科研竞赛环境中，学生可以不断挑战自己，提升科研能力和创新能力。同时，通过与同行的交流，学生可以了解最新的研究动态和发展趋势，激发创新灵感，推动科研创新和学术进步。

（二）科研机构层面创新人才培养

1. 科研机构层面创新人才培养的特征

科研机构在培养创新人才方面具有其独特的特征和策略，这些特征旨在全面提升科研人员的能力和素质，以应对快速发展的科技需求和挑战。本文将探讨科研机构层面创新人才培养的三个主要特征：全面性、时效性和实践性。

（1）全面性特征。全面性特征指的是科研机构在培养科研人员时，注重其知识结构的全面性和深度，以确保其能够胜任复杂的科技工作需求。科研人员的知识结构不仅需要广泛涉猎相关学科，还需要深入掌握核心技术和前沿领域的最新进展。通过对科研人员目前知识结构存在的不足进行深入分析，科研机构可以有针对性地设计和实施培养计划。首先，科研机构会通过持续的学术讲座、专业课程和研讨会等形式，不断扩展科研人员的学术视野和深度。这些活动不仅包括传统学科知识的更新，还涉及交叉学科的融合和跨界合作的促进，以应对复杂问题和新兴挑战。例如，通过邀请国内外知名学者和专家进行学术交流和互动，科研机构能够引导科研人员深入研究全球科技前沿，从而提高其在特定领域的专业水平和影响力。其次，科研机构还通过开展科技创新项目和实验室研究，培养科研人员的实际操作能力和创新能力。这些项目和研究不仅为科研人员提供了实践锻炼的机会，还能够促使他们在实际应用中不断优化和完善自己的理论知识，提升解决复杂问题的能力。最后，科研机构注重科研人员的综合素质提升，包括科研伦理、学术道德、团队合作和领导能力等方面的培养。这些素质的培养不仅有助于科研人员在学术界和科技创新中的持续发展，还能够增强其在跨学科和跨国际合作中的竞争力和影响力。

（2）时效性特征。时效性特征强调科研机构在培养科研人员时，需要关注所在研究领域的最新动态和问题，以及最新的科技解决方法。科研工作者开展有实用价值的研究项目，必须具备敏锐的科技前瞻性和快速响应能力，这对科研情报收集的能力和科研机构内部的科研能力提出了高要求。

第一，科研机构通过建立健全的科研情报系统和信息资源共享平台，为科研人员提供及时、准确的科技研究资料。这些资料不仅包括学术期刊、会议论文和专利数据库的访问，还涵盖市场调研报告、政策法规和产业动态等多方面信息。例如，通过订阅国际顶尖期刊和数据库，科研机构能够为科研人员提供最新的科技进展和研究成果，帮助他们及时把握和解决前沿科技问题。

第二，科研机构积极开展科技前沿的探索和应用研究，促进科研人员在最新问题和挑战上的深入研究。例如，组织专题讨论会和前沿研究小组，鼓励科研人员跨领域合作和创新思维，以推动学术理论向实际应用的转化。通过这些举措，科研机构不仅能够为科研人员提供具体的研究方向和项目支持，还能够激发其在解决现实问题和推动科技进步中的创新能力和成就感。

第三，时效性特征还体现在科研机构对科研人员的继续教育和专业发展的持续支持上。通过组织学术交流会议、研讨会和技术培训课程，科研机构不断强化科研人员的学术更新和技能提升，使其在不同阶段保持科技创新的活力和竞争力。

（3）实践性特征。实践性特征强调科研机构作为应用科学主要领域的特性，其科研项目和成果需要直接应用于具体的生产实践和社会应用中。因此，科研机构在培养科研人员时，必须重视和增强其实践能力，使其能够将理论知识有效地转化为实际的科技成果和解决方案。

第一，科研机构通过建立产学研合作平台和技术转移中心，促进科研成果的转化和应用。例如，与行业企业合作开展联合研究项目，科研人员可以直接参与解决企业的技术难题和市场需求，从而加速科技成果的市场化进程。通过这种方式，科研人员不仅能够验证和优化自己的研究成果，还能够实现理论与实践的紧密结合，提升其在应用科学领域的影响力和竞争力。

第二，科研机构注重科研人员的实验设计和数据分析能力的培养。这包括提升科研人员在实验操作和数据处理方面的技能水平，以确保科研项目的科学性和可靠性。例如，通过建立先进的实验室设施和技术平台，科研机构为科研人员提供良好的实验条件和支持，帮助他们开展前沿技术研究和应用探索。

第三，实践性特征还体现在科研机构对科研人员创新思维和解决问题能力的培养上。通过组织实地考察、技术交流和跨学科合作等活动，科研机构激发科研人员的创新潜力，帮助他们跨越理论与实际之间的鸿沟，为社会和产业发展提供更加切实的解决方案。

2. 科研机构层面创新人才培养的形式

在现代社会中，科研机构承担着推动科技进步、促进经济社会发展的重要责任。为了应对快速变化的科技环境和激烈的国际竞争，科研机构必须不断创新人才培养的形式，提升科研人员的综合素质和创新能力。

（1）科研人员知识更新讲座。知识更新讲座是一种将科研工作与员工培训相结合的培训模式，旨在使科研人员能够持续更新知识结构，保持科研活力和竞争力。这种讲座不仅具有传授知识的功能，还兼具科研开发和学术交流的作用。知识更新讲座的主要作用在于帮助科研人员识别自身知识结构中的不足，制订有针对性的培训计划，从而推动个人职业发展。

知识更新讲座通常以专题讲座、系列讲座、研讨会等形式展开。讲座内容涵盖广泛，包括科研方法、最新研究动态、学术成果、一线工作经验等。例如，某一科研成果的介绍与讨论活动不仅是科研成果推广的重要环节，也是项目深入研究的必要过程。因此，科研机构在设计其他培训项目时，可以借鉴知识更新讲座的经验，开展与工作过程紧密结合的培训活动。

专题讲座可以针对某一具体科研领域或技术问题进行深入探讨，帮助科研人员全面了解该领域的最新进展和研究方法；系列讲座则可以系统性地介绍某一学科或交叉学科的基础知识和前沿动态，帮助科研人员构建完整的知识体系；研讨会形式的讲座则鼓励科研人员之间的交流与讨论，通过互动交流激发创新思维，解决实际科研问题。

科研机构可以通过制度化的讲座式培训，使科研人员不断诊断自身的知识结构，在培训主管部门的指导下，制订个人培训计划和职业发展规划。讲座具有能够在短时间内系统介绍大量知识内容的特点，特别是兼有讨论形式的讲座，更能够实现培训师和参加培训的科研人员之间的良好沟通。因此，知识更新讲座是一种适宜科研人员知识更新的培训方式。知识更新讲座通常在以下四种情况下展开：

第一，重大科技成果的介绍。当科技管理部门发现国内外相关科研领域有重大科技成果并对本单位科技工作有重要借鉴意义时，可以组织专题讲座，及时传递最新科研信息，启发科研人员的创新思维。

第二，科研方法创新的推广。当某个科研部门或科研项目团队取得重大科技成果或在科研方法上有创新时，可以通过讲座形式在组织内部进行推广，分享成功经验，促进科研成果的广泛应用。

第三，科研领域技术短板的填补。当科研人员或在研科技项目普遍反映在某一科研领域存在技术短板或科研困难时，可以组织针对性的知识更新讲座，邀请专家进行技术指导和问题解决，提升科研团队的整体实力。

第四，科研实践经验的交流。科研需要与科研相关的一线实践经验支撑与借鉴，通过讲座形式分享实践经验，使科研人员在实际操作中少走弯路，提升科研效率和成果质量。

（2）进行人才交流培养。人才交流培养是一种通过人员交流与合作提升科研人员综合素质和创新能力的培养形式。在全球化背景下，科研的国际化趋势愈发明显，科研人员需要具备国际视野和跨文化交流能力。科研机构通过与国内外知名科研机构、高校、企业等进行人才交流合作，可以实现资源共享、优势互补，共同推进科技创新。

第一，国内外科研机构间的合作交流。科研机构可以通过与国内外知名科研机构、高校、企业等建立合作关系，开展联合研究、人员互访、学术交流等活动。例如，可以选派优秀科研人员到国际知名科研机构进行访学和研修，参与国际前沿科研项目，掌握最新科研动态和技术方法。同时，也可以邀请国际知名学者来访交流，开展学术讲座和合作研究，提升科研团队的国际化水平和学术影响力。

通过国际合作交流，科研人员可以拓宽国际视野，提升跨文化交流能力，获取最新的科研信息和技术，激发创新思维。例如，某科研机构可以与国外知名大学合作开展联合研究项目，双方科研人员共同攻关某一科研难题，通过合作交流实现知识共享和资源整合，提升科研成果的质量和水平。

第二，多层次的人才培养计划。科研机构可以制订多层次的人才培养计划，针对不同层次、不同专业的科研人员，开展多样化的交流培养活动。例如，可以设立青年科研人才培养计划，通过选派优秀青年科研人员参加国内外学术交流和合作研究，提升其科研能力和国际化水平；可以设立中高级科研人才培养计划，通过开展联合研究、学术交流、科研竞赛等活动，提升中高级科研人员的创新能力和科研水平。

同时，科研机构还可以通过建立导师制和科研团队制，为科研人员提供个性化的培养方案。例如，可以为每个科研人员配备专业导师，根据其研究兴趣和发展目标，制订个性化的学习和研究计划，指导其开展科研工作；可以通过组建跨学科的科研团队，使不同专业背景的科研人员在一起合作研究，共同解决复杂的科研问题，提升科研团队的整体实力和创新能力。

（三）企业层面创新人才培养

创新精神是所有最优秀企业形成核心竞争力的关键因素之一，一种能激发员工积极性，让企业能随时进行改革的活力。企业核心创新能力的培养在于创新型人才的培养。充分挖掘员工创新潜能，培养员工创新精神也是新经济时期各大企业保持领先竞争优势所在。

1. 企业层面创新人才培养的目标定位

企业创新人才培养的目标应定位为培养高素质、高层次的创造性人才。具体来说，主要有以下三个目标：

（1）知识输入，完善知识结构。针对员工知识维度的欠缺进行定向补充，使企业的创新人才具备更加完善的知识结构，从而为更好地进行创新活动奠定一个良好的理论基础。

（2）知识内化，提高实践能力。通过知识输入，将知识内化为能力，从而更好地进行实践，最终达到学以致用的目的。

（3）加强心理培训，营造实践环境。通过营造实践的环境，使员工能够将所学的知识与技能加以运用，提高其实践能力，快速地创新新技术和新产品，为企业创造价值。

2. 企业层面创新人才培养的主要形式

（1）产学结合培训模式。产学结合模式，是指企业与高校协作办学，培训企业职工和企业紧缺人才。产学结合的培训模式一般用于培养高层次的科技人才。这是发达国家的企业常采用的一种培训高级专业及开发人才的模式，我国企业完全可以借鉴。企业与高校联合协作办学，企业为高校注入一定资金，选择本企业有发展前途的人员，参加高校为其开办的培训班，如在职研究生班。学员一般都具有一定任职年限及学业资格，一边工作，一边学习。产学结合培训模式的特点是：充分发挥高等院校科研、人才、信息的优势，为企业培训急需的专业人才；高校也最大限度地利用企业的基础、设施、资金的优势，实现相互促进、优势互补；可以实现以产助学，以学兴产，极大限度地利用了人力与物力资源；学习内容针对性强，教学水平达到学校正规教育的标准；受训者工作不受太多影响，并可以将很多工作中难以解决的问题拿到高校去研究、解决；学校日趋企业化和企业日趋学校化，使其真正成为企业精神和企业精英的孵化器。

第一，企业员工个人知识的学习。把企业有潜力的员工送到高校继续学习，接受教育，获取知识。高校的继续教育在员工的知识生成中的作用主要有两个方面：①知识选择与结合。从公共知识体系中选择相应的知识，以某种有组织的方式结合企业员工已有的工作经验和知识经验，使员工理解所学知识，并在实践活动中内化所学知识。②经验共享与创新。将教师在日常生活与实践中所产生的经验、感受与体验等，借助于一定的言说方式表达出来，以与其他员工共享。某些方面的个人知识可以在相互交流沟通中达成共识，转化为公共知识，从而实现知识的创造和创新。让员工接受继续教育并不仅仅是一个传递复制知识的过程，更是一个调动员工已有知识和工作经验，使员工理解所学知识并提升其个人知识的过程。员工已有的知识基础、工作经验和个性品质不仅有助于理解所学知识，更有助于自身的发展。

第二，企业员工个人知识的内化。所谓内化，是一种心理过程，就是把外部的东西转化为内部的东西，客体的东西转化为主体的东西。所谓知识内化是指在我们对知识的学习中，使知识成为人的内在素质的一部分，把相关知识转化为自身能力的过程。企业员工接受继续教育的最终目的是学以致用，把所学的知识内化为自身的能力，提高自己的创新能力。一般来说，知识内化过程分为如下三个步骤：

一是，知识积累与整理阶段。通过各种途径将所学的专业知识进行排列和整理，分清主次并纳入自己的知识系统，贯之以条理和顺序，构建自我知识体系。这样，所学的知识才能够消化理解，使整个知识体系不仅知其然，而且知其所以然，由感性认识上升到理性认识，做到融会贯通。

二是，知识应用阶段。把所学的知识在工作实践中不断整合和类化，转化为自己的知识，做到会动脑、动口、动手，从思维内容、表达器官到操作器官都能协调一致，达到学以致用。

三是，知识定型阶段。知识经过不断应用，随着时间的推移，在多次的反复和强化中逐步达到熟练的地步，完成知识内化为能力的过程。

（2）企业创新人才的心理培训。科研工作是企业发展的源动力。科研人员作为知识工作者，在推动企业发展中扮演着重要角色，他们是企业从事创新活动的主要群体。随着经济全球化、一体化趋势的加快，知识工作者所面对的人才竞争更加激烈，生活和工作节奏加快，压力加重，更容易出现心理方面的问题，不仅影响个人的生活质量，也影响他们的工作绩效。因此，对科研人员进行心理培训十分必要。

企业中的科研人员所面临的心理危机有很多，例如不善于沟通、精神压力过大、创造力枯竭等。其中最值得关注的是创造力的问题。创造力是一个人产生新思想、新观念、用新方法创造性地解决问题的能力。科研工作要求科研人员必须具备足够的创造力，能够创造新概念、新理论，更新技术、方法，发明新设备等。然而，由于科研人员经常与枯燥的数字和实验打交道，千篇一律的工作容易导致程式化的思维模式，旧观念、旧方式的惯用很容易束缚科研人员的创新能力，导致创造力枯竭，难以有大的突破和发展。基于以上认识，企业应侧重压力管理培训、团队精神训练和创造力训练。

第一，压力管理培训。压力过重或压力长期存在，都有可能导致不良后果，使科研人员出现免疫力降低、记忆力衰退、失眠等症状，严重者更有可能发生人格特征的变化。压力和情绪不仅会影响个人的生活，严重阻碍个人能力的充分发挥,还将在组织中扩散,对组织环境气氛造成不良影响。

企业可通过对科研人员的情商训练有效地缓解他们的心理压力,并达到以下目的:①树立正确的自我意识,察觉与理解自己的情感,并认识到它们对工作绩效、人际关系等的影响;②客观准确地评价自己的优势与不足,对自己能力有较全面认识;③实现自我管理,控制破坏性情感,表现出诚实与正直,尽职尽责,克服困难,具有追求卓越的内在动力;④培养社会意识,察觉他人的情感,理解他人的观点,关心他人的利益,洞察组织动态;⑤提高社交技能,用远景目标激励他人,不断给他人提供指导,帮助他人进步。

第二,团队精神训练。人是具有社会属性的,是属于团队的。如果只强调个人的力量,即使表现得再完美,也很难创造很高的价值。因此,企业应通过培训,尤其是体验式培训,让员工充分认识到自己在团队中的位置和对团队的影响。体验式培训为企业员工提供模拟情景,使他们在轻松的环境中感受团队合作的力量和影响力,让他们在回味中寻找团队协作与个人发展的关系。

第三,创造力训练。创造力是一个人的认识能力、工作态度和个性特征的综合表现。当人们创造性地进行思维和解决问题时,将通过感官得到问题和信息,知识和技能被激活,对问题能客观地分析和评价。企业对科研人员创造力的培养可以从以下方面着手:①激发求知欲和好奇心,培养敏锐的观察力和丰富的想象力,特别是创造性想象,以及培养善于进行变革和发现新问题或新关系的能力;②重视思维的流畅性、变通性和独创性;③培养求异思维和求同思维,即既能将自己当作团队的一分子,又能保持独立的思考和个性;④培养急骤性联想能力。急骤性联想是指以集思广益的方式在一定时间内采用迅速的联想作用,引起新颖而有创造性的观点。

具有健康人格、良好心态、团队精神以及丰富的想象力和创造力的科研人员,将会给企业发展带来巨大的动力。对企业科研人员进行心理素质的培训是一条既有利于员工个人身心健康发展,又有利于企业创造更好经济效益和社会效益的有效途径,值得深入推广和借鉴。

第三节 基于区域产业转型升级的创新人才培养研究

在当今全球化和科技迅速发展的背景下，区域经济的发展正面临着前所未有的挑战和机遇。产业转型升级已成为推动区域经济可持续发展的关键路径。在这一过程中，创新人才的培养显得尤为重要。

一、区域产业转型升级的背景

第一，全球经济环境的变化。随着全球化进程的加速，国际经济格局正在发生深刻变化。很多国家和新兴市场国家之间的竞争日益激烈，技术创新成为各国提升竞争力的关键因素。在此背景下，区域经济必须通过产业转型升级来应对外部环境的变化，提高自身的竞争力和抗风险能力。

第二，我国经济发展阶段的转变。我国经济正处于由高速增长阶段向高质量发展阶段转变的关键时期。传统的粗放型经济增长模式已难以为继，亟需通过产业结构调整和技术创新来实现经济转型升级，这不仅是实现经济可持续发展的必然要求，也是满足人民日益增长的美好生活需要的迫切需要。

第三，区域产业转型升级的核心目标。区域产业转型升级的核心目标是提升区域经济的整体竞争力，实现经济结构的优化和升级。这包括产业结构的调整、新兴产业的发展、传统产业的现代化改造等。同时，区域产业转型升级还需要注重环境保护和资源节约，实现经济效益、社会效益和生态效益的协调统一。

二、基于区域产业转型升级的创新人才培养策略

"区域产业转型升级的方向是'创新驱动'，而'创新驱动'与创新教育息息相关"[①]。

（一）更新教育理念，推动教育创新

创新人才的培养需要教育理念的更新和教育模式的创新。首先，要树立"以学生为中心"的教育理念，注重学生个性化的发展，培养学生的创新思维和实践

---
① 姚正海，杨保华，叶青．基于区域产业转型升级的创新人才培养问题研究[J]．经济问题，2013（10）：87．

能力。其次，要推动教学方法的创新，采用启发式、探究式、项目式等多样化的教学方法，激发学生的学习兴趣和创新热情。

在全球化和信息化时代，传统教育方法已经无法满足社会对高素质创新人才的需求。教育理念的更新不仅是教育体系的改进，更是对教育本质的重新认识。我们需要从知识传授的角度转变到能力培养的角度，强调学生的主体地位和个性化发展。在这种教育理念的指导下，教师不再是单纯的知识传授者，而是学生学习的引导者和支持者。

"以学生为中心"的教育理念强调尊重学生的个体差异，关注每个学生的兴趣、需求和潜力，这种理念不仅要求教师在教学过程中注重学生的反馈和参与，还需要学校提供多样化的课程和活动，满足学生多元化的发展需求。例如，可以设立创新实验室、创客空间等，为学生提供动手实践和创新创意的场所。此外，学校还应鼓励学生参与社会实践和科研项目，培养他们的实际操作能力和创新精神。

教学方法的创新是培养创新人才的重要手段。启发式教学方法通过引导学生思考和探索，帮助他们形成独立思考和解决问题的能力。探究式教学方法则强调学生自主学习和团队合作，通过实际问题的研究和解决，培养学生的实践能力和创新思维。项目式教学方法通过实际项目的实施，使学生在实践中掌握知识和技能，提升他们的综合素质和创新能力。

在具体实施过程中，学校可以开展跨学科的项目课程，让学生在解决实际问题的过程中学习和应用不同学科的知识。例如，可以设计一个环境保护的项目，学生需要运用生物学、化学、地理学等学科的知识，进行调查研究和方案设计。这不仅可以提高学生的知识应用能力，还可以培养他们的团队合作精神和创新能力。

此外，教师的专业发展和能力提升也是推动教学方法创新的关键。学校应为教师提供持续的专业培训和交流机会，帮助他们掌握最新的教育理念和教学方法。例如，可以邀请教育专家开展专题讲座，组织教师参加教育研讨会和工作坊，鼓励教师进行教学研究和实践创新。通过这些措施，教师可以不断提升自己的专业水平和教学能力，更好地支持学生的学习和发展。

（二）优化教育资源配置，提升教育质量

优化教育资源配置是提升创新人才培养质量的重要途径。首先，要加强教育资源的统筹协调，合理配置教育经费、师资力量和教学设施，确保每个学生都能享有公平的受教育机会；其次，要加强教育信息化建设，充分利用现代信息技术，提升教育的效率和质量。

教育资源的合理配置是实现教育公平和提升教育质量的关键。在资源配置过程中，政府、学校和社会各界应共同努力，确保每个学生都能享有优质的教育资源。政府应加大对教育的投入，特别是对农村和偏远地区学校的支持，缩小城乡教育差距。例如，可以设立专项教育基金，用于改善农村学校的教学设施和师资条件，提供更多的教育资源和机会。首先，师资力量是提升教育质量的重要因素。为了吸引和留住优秀的教师，政府和学校应提供有竞争力的薪酬待遇和良好的工作环境。其次，应加强教师的专业发展和培训，帮助他们不断提升教学能力和水平。例如，可以通过建立教师培训中心，开展定期的专业培训和交流活动，提高教师的教学能力和专业素养。再次，教学设施和设备的现代化也是优化教育资源配置的重要内容。学校应加强基础设施建设，改善教学环境，为学生提供良好的学习条件。例如，可以建设现代化的图书馆、实验室和体育设施，提升学生的学习和生活质量。最后，学校还应重视信息化建设，推动教育信息化进程。通过建设数字化校园，提供在线学习平台和资源，提升教育的效率和质量。

在教育信息化建设过程中，学校应注重信息技术与教育教学的深度融合。例如，可以通过信息化手段开展在线教学和混合式学习，丰富教学形式和内容，提升学生的学习体验和效果。此外，学校还应加强信息技术的应用培训，帮助教师掌握和应用现代信息技术，提高教学效率和质量。优化教育资源配置不仅是提升教育质量的关键，也是培养创新人才的重要保障。通过合理配置教育资源，提升教育的公平性和效率，才能为每个学生提供优质的教育机会，帮助他们实现个人潜力，培养出更多具有创新思维和实践能力的高素质人才。

（三）构建创新人才培养生态系统

构建创新人才培养生态系统是推动区域产业转型升级的关键。首先，要建立多层次、多样化的教育培训体系，涵盖从基础教育到高等教育、职业教育和继续教育各个阶段。高校应与企业紧密合作，通过联合办学、共建实验室、开展实习

实践等方式，培养学生的创新思维和实践能力。其次，政府、企业和高校应共同打造创新创业支持平台，提供政策、资金、技术和市场等全方位的支持，激发创新创业活力。同时，应鼓励企业与科研机构建立长期稳定的合作关系，共同开展技术研发和成果转化，形成产学研用一体化的创新链条。最后，要营造良好的创新文化氛围，推动全社会尊重知识、尊重创新，激励人才大胆创新。通过这些措施，构建起一个多主体参与、资源共享、协同发展的创新人才培养生态系统，为区域产业转型升级提供强有力的人才支撑。

第五章　促进区域经济可持续发展的人才高地建设

第一节　区域人才高地的理论框架及内涵

一、区域人才高地的理论框架

（一）人才流动与集聚理论

1. 人才流动机制

人才流动机制是理解区域人才高地形成的重要理论基础。推拉理论和生命周期理论是其中的两个核心概念。推拉理论将人才流动分为"推力"和"拉力"两方面，前者指的是促使人才离开原居住地的负面因素，如经济衰退、工作机会稀缺、生活质量低下等；后者指的是吸引人才前往新区域的积极因素，如高薪工作、良好生活环境、职业发展机会等。这一理论有助于解释为何一些区域能够成为人才高地，而另一些区域则面临人才流失的困境。生命周期理论则从个体发展的角度出发，探讨人才在其职业生涯中的不同阶段对区域选择的偏好。例如，年轻人在职业起步阶段可能更倾向于选择大城市，以获得更多的学习和发展机会；中年人在事业稳定后可能会考虑迁往生活质量更高的地区；而退休人员则可能选择生活成本较低的地方。通过生命周期理论，我们可以理解不同区域如何通过满足各个年龄段人才的需求来吸引和留住人才。

2. 人才集聚效应

人才集聚效应是区域人才高地形成的关键，规模效应指的是当人才在某一区域高度集聚时，能够通过共享基础设施、资源和信息，降低成本，提高效率。大规模的人才集聚能够带来更高的生产力和创新能力，从而进一步吸引更多的人才。知识溢出是指人才集聚带来的知识和技术的无形传递。当大量高素质人才集中在一起时，他们之间的交流与合作能够促使知识的快速传播和创新，这不仅有利于个体和企业的成长，也推动了整个区域的经济发展。硅谷作为全球知名的科技创新中心，就是知识溢出效应的典型案例。创新网络则强调人才集聚所形成的合作网络。在区域高地内，不同领域的专家、企业和研究机构通过合作与互动，共同推动创新。这种网络不仅能够提高区域的整体竞争力，还能促进跨领域的知识融合和新兴产业的形成。

（二）区域经济发展理论

1. 新古典增长理论视角

新古典增长理论是理解区域经济发展的传统理论框架。该理论强调资本积累、劳动投入和技术进步对经济增长的决定性作用。根据这一理论，资本和劳动的增加能够直接推动生产力的提升，而技术进步则通过提高资本和劳动的使用效率，间接促进经济增长。在区域经济发展中，资本投入往往表现为基础设施建设、企业投资和教育培训等方面，这些都需要大量的高素质人才来实现。而劳动投入则不仅仅指数量上的增加，更重要的是劳动者素质的提升，这同样依赖教育和培训。因此，新古典增长理论下，区域高地的形成需要充足的资本和高素质的劳动者，而技术进步则是通过人才的创新能力来实现的。

2. 新经济地理学视角

新经济地理学提供了另一种理解区域经济发展的视角，该理论强调经济活动的空间分布及其对区域发展的影响。根据新经济地理学，经济活动的空间集聚能够带来规模效应、知识溢出和创新网络等效应，从而促进区域经济的快速发展。在这种视角下，区域差异的产生不仅是由于资源禀赋的不同，更重要的是人才、资本和技术的空间分布。区域高地的形成往往是因为这些高素质要素的集中，这种集中能够带来持续的创新和发展动力。例如，美国的波士顿地区因其高密度的高校和科研机构，成为全球知名的教育和科技中心。

（三）创新系统理论

1. 国家创新系统与企业创新系统理论

创新系统理论强调创新是系统性的过程，包括国家创新系统和企业创新系统。国家创新系统指的是一个国家内包括政府、企业、高校、研究机构等各类主体在内的创新体系，它们通过互动和合作，共同推动国家的科技进步和经济发展。企业创新系统则是指企业内部的创新机制和外部的创新网络。企业通过研发投入、技术合作和市场拓展等手段，不断进行产品和工艺创新。这些创新活动不仅需要高素质的人才，还需要良好的政策环境和支持体系。

2. 区域创新系统的构建与人才作为关键要素的作用

区域创新系统是国家创新系统的具体体现，它强调区域内各创新主体的协同合作和资源共享。区域创新系统的构建离不开高素质人才的集聚，因为人才是创新的核心驱动力。区域内的高校和科研机构能够为企业提供技术支持和人才储备，而企业则通过技术转移和合作研发，促进高校和科研机构的科研成果转化。在区域创新系统中，政府的政策支持和公共服务同样重要。政府通过提供资金支持、制定优惠政策和建设创新平台，能够为人才的引进和培养创造良好的环境。

综上所述，区域人才高地理论基础涵盖了人才流动与集聚理论、区域经济发展理论和创新系统理论，这些理论共同解释了人才如何通过集聚和流动，推动区域经济和创新的发展，最终形成区域人才高地。

二、区域人才高地的内涵分析

（一）区域人才高地的要素

"能否实现区域（城市）协调发展的战略目标，关键在于能否建设一个高水平、高质量的区域人才高地，能否聚集起一支宏大的人才队伍"[①]。区域人才高地包括五个方面的要素，即人才分布的高密度、人才素质的高水准、人才结构的高对应、人才流动的高活力、人才产出的高效率。

第一，人才分布的高密度，是人才高地的标志性内涵。人才分布的高密度就

---

① 潘成胜，赵兴元，王洪斌. 人才高地战略与区域经济创新发展 [M]. 沈阳：东北大学出版社，2015：39.

是人才总量（或绝对量）要大，特别是高层次、高技能和优秀青年创新人才的数量要多。一个区域（城市）的人才只有达到一定的总量规模，才能使结构得到充分优化，才能对周边产生强大的吸引和辐射作用。

第二，人才素质的高水准，既是人才高地的核心内涵与质量优势，又是构成高端人才队伍的重要标志与素质条件。人才素质的高水准一般指区域高地人才的学历、智力、能力和协调力水平，一个区域（城市）的人才队伍的素质有多高，其整体功能就有多强。

第三，人才结构的高对应，就是人才高地的结构优势。人才结构的高对应主要指人才队伍的职称、学历、年龄结构合理，学科专业比例适当，部门和产业分布均衡，区域人才布局与区域经济发展对应匹配。要把人才优势真正体现到产业优势中去，使人才结构适应区域经济社会发展的要求。

第四，人才流动的高活力，就是人才流动速度要快，流动性反映了人才高地对周边地区人才的吸引力和辐射力，它既是人才高地追求的目标，又是提升素质和优化结构的手段。人才流动活力的高低，是对人才高地环境优劣的检验，是人才高地保持和强化其优势的前提条件。

第五，人才产出的高效率，是人才高地的功能特征。不仅能向周边地区辐射（输出）人才，并能将各类优秀人才吸引到本地，而且能在人才观念、人才管理模式、人才使用政策方面引领潮流。

（二）区域人才高地的功能

第一，区域人才高地具有培养开发各类人才的功能。人才高地能够通过自身的培养开发系统，以及特定的人才使用环境，使进入人才高地的人才素质不断更新，能力不断得到提升，具有人才的生产、培训、再造基地的功能。

第二，区域人才高地具有人才资源优化配置的功能。人才高地通过市场机制的有效运用，能使人才资源得到优化配置，并建立起与经济和社会发展需求相适应的、以市场为基础的人才资源配置机制。

第三，区域人才高地具有支持高层次人才创业的功能。人才高地不仅能为一般人才提供适宜的学习和工作环境，更能为高层次人才，尤其是创新型、创业型人才充分施展才能提供良好的生活、工作环境和创业支持条件。

第四，区域人才高地具有人才资源信息发布中心的功能。人才高地能够汇聚、加工、处理并向外界发布国内外人才资源的供求信息，为周边地区提供人才信息服务。

第五，区域人才高地具有人才资源辐集和辐射中心的功能。辐集和辐射不等同于单纯的内外流动，更重要的是对人才在吸引基础上的素质再造和能力提升，在此基础上对周边地区产生辐射和影响，并以人才流为载体，带动区域及周边资金流、知识流、产品流的运作。

（三）区域人才高地的类型

在现代社会中，人才资源已经成为区域经济和社会发展的重要推动力量。不同类型的区域人才高地应运而生，以满足各地不同的经济和社会需求。主要的区域人才高地类型包括特区型、园区型、基地型、专业型和专项型。以下将详细论述这些类型的特点和功能。

第一，特区型人才高地。特区型人才高地，也称为人才特区，是一种以行政区域为划分范围，带有明显地理特征的人才高地类型。这类高地通常通过行政区域的划定，辅以行业试点，促使区域与行业的结合，从而实现高端科研人才与地方各级各类人才的互动合作，共同推进区域发展。特区型人才高地通常依托经济特区，通过其强大的经济实力和区位优势，赋予更多优惠政策，突出人才的区域融合。这种类型的人才高地，既有行政区划的支持，又能灵活调动区域资源，促进地方经济和科技的快速发展。

第二，园区型人才高地。园区型人才高地同样具有明显的地理特征，但其范围较特区型人才高地更小，主要以各类园区为载体。这些园区通过实行灵活的机制、特殊的政策和优良的服务，吸引携带项目、技术和资金的创新创业人才。园区型人才高地通过提供良好的创新环境和支持政策，激发人才的创造力和创新活力，推动区域内高新技术产业的发展和升级。这种类型的人才高地，能够为创新创业者提供一个集中的发展平台，使其更容易获得资源和支持，进而推动区域经济的创新驱动发展。

第三，基地型人才高地。基地型人才高地主要依托高等学校、科研机构、优势企事业单位或重点实验室，吸引、储备和交流高端人才。这种类型的人才高地，涵盖范围较特区型和园区型人才高地更小，但其享有宽松的人才引进政策和不同额度的安家费、科研启动基金，确保人才进出基地的自由和方便。基地型人才高地通过提供丰富的科研资源和良好的科研环境，吸引顶尖人才进行长期研究和创新。这种类型的人才高地，能够为区域内的科研创新提供强大的智力支持，推动区域科技进步和产业升级。

第四，专业型人才高地。专业型人才高地主要依托重点产业、重点行业、重点项目和重点学科，以各类创新平台为载体，以改革创新为动力，重点吸引急需紧缺的高层次人才。这类人才高地具有明显的产业和学科特征，常被称为人才小高地或人才高峰。专业型人才高地通过聚集特定领域的高端人才，推动该领域的科技创新和产业发展。这种类型的人才高地，能够为区域内的重点产业和学科提供强有力的智力支持，促进产业链和创新链的深度融合，提升区域的竞争力和发展潜力。

第五，专项型人才高地。专项型人才高地主要以专项内容突破为重点，旨在作为试点，探索新办法和新经验。这种类型的人才高地，通过集中力量在某一特定领域进行创新和试验，积累经验，进而推广至更广泛的领域。专项型人才高地通常具备较强的实验性和前瞻性，通过探索创新机制和政策，为其他类型的人才高地提供借鉴和参考。这种类型的人才高地，能够为区域内的创新发展提供试验田，推动区域内的政策创新和机制改革，提升区域的整体创新能力。

第二节 高端人才产业集群推动区域经济发展

高端人才和人才集群是人才高地的两个显著标志。所谓人才高地，就是高端人才资源优势集群或人才优势富集效应显著的地方。没有高端人才资源的优势集群，就不能称之为人才高地。而且，这种优势集群还必须与区域的核心产业群相匹配，形成高端人才产业集群效应。

一、区域经济发展与人才智力资本需求

高端人才智力资本是区域经济发展的重要源泉，区域经济发展有赖于人才智力资本的投入，区域产业集群必须有人才，特别是高端人才集群相配合。高端人才的产业集群会带来意想不到的创新效应。区域产业集群不仅包括某一区域内大量企业的空间集聚，而且也包括相关支撑机构（金融、保险等）在地理空间上

的集聚。产业集群不仅有利于区域和地区获得竞争优势，而且在获取信息、供应商、员工、公共物品等方面也具有优势。区域产业的集聚，由于技术、信息的共享，运营成本下降及市场开拓成本的降低等方面的原因使集群中单个企业的平均成本降低，便于形成产业群企业无形资产（商誉）和产业群无形资产（商誉价值），从而促进区域的经济增长。区域人才高地建设和管理的主要任务就是助推高端人才产业集群效应的增长。

外部经济将导致企业在同一区域内的集中。而产业的集中对人才资源有着巨大的吸引力。产业集聚会吸引更多相关的人才资本的流入，进而形成相当规模的劳动力市场。而劳动力的市场规模效应可以降低劳资双方的搜寻成本、交通成本等交易成本，促进人才资源的快速流动。同时，规模较大的劳动力市场可以充分发挥各种劳动力的专业特长，从而使各行业从中获益。毋庸置疑，区域内各个行业的良性发展能促进区域整体实力的增强。因此，建立规模较大、功能完善的劳动力市场是区域人才高地实施高端人才集群和人才资源管理的基础。

区域经济发展每一个划时代的变化都离不开创新的发展和扩散。创新不仅可以改进生产率，而且它还是收益递增的源泉之一。在产业集群内，高水平的人才资源可以更快更好地吸收和运用新技术，人才资源之间的交流也会使信息和技术加速传播，这样，各种思想在不断交流中相互碰撞和摩擦产生智慧的火花，促进创新。并且，劳动者个体在不断学习、增加知识积累的过程中，由于学习的溢出效应和技术的扩散性，区域的总体知识积累会呈扩张趋势，收益会呈现递增趋势。而收益递增又会促使企业扩大实物资本和人才资本的投资，进一步促进创新的实现，从而推动区域经济增长。并且，这种区域创新环境具有自我加强功能。一旦区域的经济增长机制稳固形成之后，就会形成一种良性循环，从而使区域实现持续稳定增长。因此，产业集聚对区域经济的增长具有重要的战略意义。

高端人才集群的创新效应是巨大的，区域人才高地高端人才集群的途径除了产业吸引和市场集聚之外，还需要政府出台一些优惠政策，引导高端人才资源流向相关的集群产业，推动产业集群的快速形成和创新效应的扩大。

二、区域高端人才资本价值的获取路径

高端人才的数量和资本价值决定区域经济社会的发展水平。获取高端人才资本价值和高端人才资本价值最大化是建设区域人才高地的重要一环。目前，高端

人才资本价值的获取路径如下：

（一）区域高端人才资本价值的内部获取路径

根据人才资本价值理论，区域经济与社会的发展水平决定于区域人才资本价值和人才资源总量的乘积。区域人才高地建设和管理的任务不仅是扩大人才资源增量，还要大力提高存量人才资本价值含量，高端人才资源的增量可以在区域内部获取，也可以在区域外部获取。而存量人才资本价值，只能在内部获取。人才资源只有与区域经济市场化程度相互协调、相互结合，才能促使人才资源发挥其巨大效能，显示出人才资本的价值。在这个结合的过程中，存在着人才资源要素存量与区域各部门、各行业对人才资源素质要求的双向对接的问题。任何一个对接中断或受阻，都要最终影响到区域经济市场的发展水平与程度。

目前，在区域经济发展中还存在着结构性对接受阻，即人才资源结构与区域部门、行业结构结合失效。在中央放权让利思想的指导下，力图使地方政府成为经济投资主体和经济收益主体。地方经济权益的扩大，使地方政府对区域内部资源配置和产业结构状况给予了极大关注，并采取各种手段干预区域资源配置和进行产业结构调整，结果使各地区的农、轻、重结构以及三次产业结构和所有制结构都发生了很大的变化。由于产业结构的调整与人才资源结构的调整不同步，人才资源结构的调整滞后于产业结构的调整，从而产生了结构性对接失效。

人才资源存量、结构无法与区域经济发展的总体要求相适应，而同时，区域经济发展又呼唤人才资源发挥其主导作用。在这样的两难境地中，强化人才资本价值的内部获取就成了一种必然的选择。人才资本价值的内部获取主要有两种途径：一方面发挥教育挖掘"源头活水"的功能，加强人才资源的再学习和再培训；另一方面就是加强人才资源要素在区域内部门间的转移式排列组合，即鼓励人才资源和组织资源的再配置。

（二）区域高端人才资本价值的外部引进路径

人才资本价值的外部引进是区域人才高地人才集群的重要方式，是区域人才高地人才资本增值的重要方法，也是解决区域人才资源特别是高端人才资源短缺问题、促进区域经济社会快速发展的重要措施。区域人才高地人才资本价值的外部引进按引进人才的范围，可分为国内引进和国外引进两种模式，按引进方式可分为招聘、引进、双聘三种形式。

第一，招聘人才的方式。招聘人才的方式就是根据区域经济与社会发展目标的需要，在一定范围内公布招聘条件，并按照招聘条件和相关程序选拔人才。招聘的途径很多，包括就业市场、招聘广告、校园招聘、社会选拔、猎头公司、他人推荐和招聘者自行上门求职等。通过外部招聘人才可以广开才路、择优选拔，能够及时地为区域引入新人才、新活力、新观念、新方法。

第二，引进人才的方式。引进人才的方式多种多样，针对不同对象、不同领域采取不同的方式引进，但要注重实效。要充分注重海外华人、华侨和留学人员的智力引进工作，以人才吸引人才，以项目吸引人才，以事业吸引人才，鼓励各类人才以兼职、合作研究、委托研究、创业、人才培养等多种形式为区域经济建设服务。引进人才战略可以帮助区域解决人才缺乏问题。它能引进一些通过招聘方法无法招募到的紧缺人才。如区域中的组织可到科研机构、高等院校、设计院所，引进企业所需的各种专家和高级管理人才，还可以引进一些身怀绝技的退休人员为企业服务。

第三，双聘人才的方式。"双聘人才"是突破地域、户籍、工作关系等限制，不求所有，但求所用，真正实现人才资源共享，最大限度地吸引高端人才来本区域或企业工作的一项新型的人才引进方式。

三、区域高端人才产业集群的不同类型

（一）以区域主导产业为背景的高端人才集群

区域主导产业作为区域经济的核心，决定着区域经济的发展方向、速度、性质和规模。区域人才高地建设和管理的任务之一，就是以区域主导产业为背景进行高端人才资源集群，为区域主导产业提供专业定位准确、层次结构合理的人才资源。

1. 区域主导产业的确定与人才资源准备

确定合理的主导产业，不仅关系到主导产业本身的发展，而且决定着整个区域经济的增长和产业结构的合理化。这里主要从区域产业结构的变动导向即区域产业结构的演进方向来阐述主导产业的选择问题。区域产业结构导向选择的基本

依据有：区域的自然资源状况及其基本特点；区域所处的发展阶段及其发展的总水平；全国地域分工的需要。区域产业结构的变动有三种基本导向：技术导向，也就是在产业结构的调整中，大力提高高技术产业在整个产业结构中的比重，直到占主导地位；结构导向，即建立起以主导产业为核心，自然资源开发与加工制造协调发展的产业结构，直到加工制造业占主导地位；资源导向，即以自然资源开发为主、资源型产业占主导地位。无论哪种主导产业，都必须有一定的高端人才资源准备，作为主导产业的人才支撑。人才资源准备不足的产业即使被确定为主导产业，也不能成为持久发展的主导产业。

2. 区域主导产业的定位与人才资源集群

根据产业结构变动的导向，我国区域主导产业的选择应该是：东部沿海地区随着区域经济的发展和新技术成果的扩展，应选择产业结构变动的技术导向，用高技术、高知识、高智力所占比重较大的新兴产业取代资本—技术密集型产业，从而使得高技术产业成为其主导产业。这些高新技术产业一般是指计算机技术、生物工程、光学技术、海洋开发、航天航空技术、核工业技术等。这些产业具有生产规模小、产品规格品种多、消耗资源能源少、产品附加值高、公害小等特点，且具有广阔的发展前景。

具体而言，东部沿海地区主要应依靠科技进步，改组改造机械电子工业，并使之成为主导产业，其中尤其应该重点发展微电子技术和电子设备制造，大力发展程控交换机、光纤通信产品、移动通信设备、通信导航设备、集成电路、电子计算机及软件等，以及卫星通信站等的生产。之所以选择高科技产业作为东部沿海地区的主导产业，这是与沿海开放地区产业结构变动的现状和现代科学技术的走向基本一致的。经济的发展加快了东部沿海地区产业结构变动的速度，其变动速率已超过了经济的增长速度，初步实现了产业结构由粗放向集约、由内向外的转变。这种转变与现代科学技术向贸易发达地区转移，向智力资源比较雄厚、技术水平较高的地区转移的基本走向也是相吻合的。当然，也并不排除现代科学技术向资源富集地区转移的可能性。但高新技术产业将成为我国东部沿海地区的支柱产业，这一点则是毋庸置疑的。

中部地区在经济增长过程中，应选择产业结构变动的结构导向，重点发展技术水平较高、物化劳动比重较大的资本—技术密集型产业，如冶金、机械、化工等，并使其取代资源密集型、劳动密集型产业而成为区域的主导产业。选择资本—技术密集型产业为主导产业，将会提高中部地区的工业化程度、技术水平和资本的有机构成，加速中部地区的工业化发展进程。然而，在这一产业结构的转换发展过程中，应充分考虑能源原材料供应减少、运输紧张和环境污染加重、技术优势逐渐减弱、社会综合效益明显下降的发展趋向。从长远考虑，应及时采取结构导向与技术导向相结合的发展模式，以实行产业结构的进一步转换。一方面，提高物耗少、污染少、精加工、深加工、附加值大的产业、产品的比重，使产业结构由集约化的初级阶段（能源、资源消耗与经济增长同时增长）向中级阶段（能源、资源消耗比较稳定的情况下实现经济增长）进而向高级阶段（经济增长大大快于能源、资源消耗的增长）转化。另一方面，在传统技术中渗透高技术、突出若干高技术领域，使高技术产业与经过改造的传统技术产业相互融合、相互促进，以带动区域经济新的增长。

西部地区的主导产业应选择产业结构变动的资源导向来确定。从总体上而言，西部地区还处于资源导向阶段。在这一阶段，由于受生产力发展水平的限制，高资本、高技术产业目前还难以建立，因此，一般只能利用本区域内的自然资源和劳动力资源的优势，建立以资源密集型产业或劳动密集型产业为主导产业的经济结构。在区域产业结构的演进过程中，这种围绕自然资源开发、利用和初步加工发展起来的农业、轻纺工业和采掘业，在经济发展中起着主导作用的产业结构是一个低层次的结构形式。因此，西部地区产业结构的调整，要在首先加强资源导向，即在逐步扩大优势资源的开发规模、发挥规模经济效益的同时，通过资源的开发、综合利用，有选择地适度发展一些加工制造业，如轻纺工业、石油化学工业等，并使之成为主导产业，逐步实现区域产业结构的演进和产业结构的升级。区域主导产业的确立和发展对区域经济的发展起着带动作用、调节作用和结构转型作用，因此，正确选择区域主导产业对于区域经济的增长有着非常重要的意义。

（二）以高新技术发展为核心的高端人才集群

以高新技术发展为核心的高端人才集群也可以称为研究开发依托型人才资源集聚模式。这种模式主要是集中于高新技术产业。由于高新技术产业所依赖的生产要素主要是技术与智力，这样，寻找企业可以利用的技术与智力的发散源成为企业集聚的最大动力源。因此，高新技术产业往往建立在与高等院校、研究院所相毗邻的若干区域，以便获得相应的技术支撑与智力支持。高新技术产业的集群，必然吸引大批的高新技术人才，形成人才资源的集聚，同时，为了发展高新技术产业，还必须运用政策吸引、事业吸引、环境和待遇吸引等方式，主动吸引高端人才资源，形成以高新技术发展为目标的高端人才资源集群状态。

1. 以高新技术发展为核心的高端人才资源的特点

以高新技术发展为目标的高端人才资源集群具有体脑分离、人岗合一、资源稀缺等特点，这些特点又决定了研究开发依托型人才资源管理的难度。

（1）体脑分离。以高新技术发展为目标的高端人才资源集群模式下，高新技术企业更注重于借助大学与研究院所的研究开发优势与智力技术优势参与到高新技术企业的运行当中。因此，体脑分离是此种模式下的最大特点。在这种情况下，大学与科研院所的技术人员往往人的关系在本单位，但从事的研究开发与智力投入常常集中在与企业合作的项目上，出现了特有的"体脑分离"现象。

（2）人岗合一。以高新技术发展为目标的高端人才资源集群模式下，智力与技术成为一种专有资产。高新技术企业往往因某一人才或几个人才所具有的特殊开发能力而专设岗位。一旦这类人才流动，这种岗位自然消失。岗位因人而设、因人而灭的特征明显。"人岗合一"在此种模式下体现得更为突出。

（3）资源稀缺。发展高新技术，必然需要高新技术人才，换言之，以高新技术发展为目标的高端人才资源集群带有专指性，即专指某类高新技术人才，或与某类高新技术相关的人才，而这类人才往往是稀缺资源。

2. 以高新技术发展为核心的高端人才管理的难点

研究开发依托型集群模式下的人才资源管理要在常规人才资源管理的基础上克服以下管理难题：

（1）松散型组织合作效率的难度。在研究开发依托型企业集群模式下，"体脑分离"的特征往往体现在企业和高校、研究院所双方组成的项目开发团队之中。这种团队以项目为纽带，以项目开发时间为合作时间，具有临时性、松散型特征。这种松散型团队由于不具有企业的长期性、稳定性制度约束，同时也由于时间短难以形成高效率合作的企业文化，因此，如何提高合作效率是高新技术区域人才资源管理中的难题。

（2）个人核心资源向企业转移的难度。在研究开发依托型企业集群的模式下，研究开发与智力资源是集群内企业维持竞争力的基础，而这种优势往往来自一个或几个特殊才能的员工组织的团队，一旦具有特殊才能的人员流动，企业核心资源就会丧失。因此，保证员工的核心资源特别是以项目为纽带的松散型组织内员工的核心资源有效地向企业转移，成为企业的专有性资源，是高新技术区域人才资源管理的又一个难题。

3. 以高新技术发展为核心的高端人才管理的重点

研究开发型集聚模式下的人才资源管理需要注意以下方面：首先，要注重团队精神由紧密型向松散型转移。在研究开发依托型集聚模式下，企业与大学、研究院所的合作是以项目为依托的。这种松散型团队往往不像企业可以通过制度约束。因此，这种松散型团队只有建立基于团队目标与团队协作关系基础上的团队精神并有效地将精神物化为制度约束与物质激励。其次，要建立知识共享平台，促使个人知识向企业专有化知识转移。研究开发型企业的产业特征决定了核心资源来自企业几个或一个核心技术人员。这些核心技术人员由于掌握着核心技术，往往具有较强的讨价还价能力，而且核心技术人员也存在着流失的可能，造成企业核心资源的丧失。因此，研发型企业应构建企业知识共享平台，通过沟通与学习，努力将个人知识转移为企业共有知识。

第三节 区域人才高地建设管理与可持续发展

一、区域人才高地建设的模式

区域人才高地的建设模式多种多样，没有固定的模式，也不可能用一个模式把生动活泼、充满创造力的人才高地建设框住。尽管如此，还是可以总结出一些成功的建设模式来。

第一，团队自主创新人才开发模式。实行"领军人才+团队+平台"建设模式，鼓励和引导专业技术人才向企业流动，使企业真正成为技术创新和吸纳人才的主体。设立自主创新岗位，探索人才、岗位、项目、资本相结合的人才开发新模式，大力吸引海外、省外高校、科研机构科技人员到企业工作。同时，要加强重点学科建设，建立一批具有国内外先进水平的区域性、开放性重点实验室，支持和鼓励高校、科研机构自主创新人才开发模式。

第二，搭建多平台的人才创新模式。在人才高地建设过程中，主要是扶持企业技术中心、重点学科和重点实验室、博士后流动（工作）站、工程技术（研究）中心、重点产业集群（基地）和项目、农业产业化重点项目等创新平台建设，进一步加强高新技术产业园区、大学科技园、科技企业孵化器等创新载体建设，不断提高人才承载吸纳能力。

第三，行业、产业人才的集群模式。在人才高地建设中，可以紧扣行业或产业需求，以行业或产业集群促进人才集聚，以人才高地推动产业发展，突出项目的带动作用，因地制宜，分类指导，分步实施，聚集一批适应经济社会发展需要的领军人才和创新团队。

第四，依托科技载体建设高地模式。人才高地建设可以依托已有的国家工程实验室、国家和省级企业技术中心、省级重点学科和重点实验室、博士后流动（工作）站、工程技术（研究）中心等创新平台，涵盖自然科学、工程科学、人文社会科学等领域，主要包括主导产业、特色产业、高新技术产业等各类优势企业，承担国家和省重点建设项目的有关企业。

第五，项目化管理的人才建设模式。引进项目化管理办法，建立人才高地各项指标、质量体系和考核办法，采取目标管理、绩效管理、合同管理等措施，明确人才高地建设单位、实施部门、主管部门的角色和责任，规范人才高地运作程序，加强人才高地监督管理。

第六，人才体制机制管理创新模式。优越的环境、宽松的氛围、特殊的政策是人才高地的主要特征，特殊政策主要包括人才创业资金投入、土地、税收、培养、收入分配、社会保障、管理政策、公共服务等。同时，对人才引进、培养、使用等方面的体制机制进行创新，采用特聘专家为顾问、引进学术权威代表、提供挂职岗位、远程诊断、项目引进、开展学术论坛等形式柔性引进和集聚人才。

二、区域人才高地管理的体系

（一）区域人才高地管理的性质

第一，区域人才高地管理的稀有性。稀有性体现在具有价值的区域人才高地管理过程是独特的、专有的。对于区域经济中的组织而言，几乎没有任何两个组织拥有完全相同的战略实施机制及人才资源管理过程。因此，匹配于组织的发展战略、基于区域的历史文化、不断演化的高端人才资源管理过程是稀有的，对于整个区域也是一样。由于世界上任何两个区域在地理位置、资源禀赋、产业结构、风俗文化等方面都有其自身的特点，因此与不同的环境相适应的区域人才高地管理有其独特性。

第二，区域人才高地管理的价值性。区域人才高地管理的价值性可以从其管理过程的内隐性、协作和互补性、强健有力性三个性质中得到证明。首先是内隐性。由于区域人才高地管理过程是动态的，并且是演化的，其价值体现在区域组织的隐含知识中，因此其具有内隐性。这种具有内隐性的人才资源管理过程不像基准的或典型的实践那样可以被复制，而是使其在组织间的转移非常困难，这就保持了组织的异质性以及此过程的价值创造潜力。对于整个区域而言，人才高地管理也具有同样的内隐性。由于组织在某个区域内的生存和发展具有相对稳定性，组织一般不会频繁移出或移入，因此，区域内组织结构的相对稳定性就保持了区域的持续稳定的创造力，组织整体创造力的提升为区域经济的增长注入了不竭的动力。其次是协作和互补性。即指区域人才高地管理过程中各项活动匹配，包括：人才资源管理与战略的匹配、人才资源管理功能与其他相关功能的匹配和人才资源管理内部各项功能的匹配。这种"匹配"使各项功能彼此加强，最终达到战略目标，体现出其价值性。最后是强健有力性。这是区域人才高地管理的一个基本优势。由于区域人才高地管理过程根植于区域的环境和社会规范，整合了各个相关部门，并不断演化、发展，所以能够适应环境的变化并抵御一定的风险，这也是区域人才高地管理过程价值性的重要体现。

第三，区域人才高地管理的竞争性。区域人才高地管理的竞争性可以从两个方面得到证明。首先是学习性，即指区域人才高地管理不断演化以满足变化的区域需求的特性。这种学习过程促成了区域的持续匹配性即适应性，同时也增加了管理的内隐性与组织的专有性，从而减少了转移的机会。其次是路径依赖性。由于区域人才资源管理过程建立在区域内组织经历的基础上，内含特定的组织的历史与惯例，体现了组织不断演化与发展的过程，所以具有明显的路径依赖性。这一特征决定了人才资源管理过程的复杂性和因果关系模糊性，故此也很难被别人模仿，区域可以保持其持续竞争力。

（二）区域人才高地管理的效应

区域人才高地管理在区域经济发展中起着重要作用。高水平的人才资源管理不仅可以快速提高区域人才资源开发水平，聚集高质量的人才资本，而且还可以替代区域自然资源，缓解区域资源短缺。还能深度开发和有效利用自然资源，创造出新的物质资源以弥补原有资源的不足。另外，高水平的人才资源管理还能整合高端人才资本，发挥区域人才资本"一加一大于二"的整体效益，对经济增长发挥倍数效应。因此，高水平的人才资本是区域在自然资源、环境（自然和社会）条件相对固定的前提下，经济实现增长的动力和源泉。区域人才高地管理的三大效应如下：

第一，科技创新效应。人才资本是技术创新的源泉，也是技术能量的载体和存储器。在区域内，大量高素质的人才资本之间正式或非正式地相互交流，各种思想碰撞会产生许多智慧的火花。这些火花能够引起更多的创新，较多的创新又会增加对技术工人和知识工人的需求。因为他们具备更多的知识和更高的能力去吸收和消化新技术、运用新技术，从而加快科学技术进步。而科学发展越快，技术转化为生产力的速度就越快，技术工人的生产效率就越高，经济增长就越快。对于区域而言，由于空间上相对集中，这样的创新会更容易产生。因此，人才资本作为经济增长的最重要的引擎之一，其积累和发展对经济增长有着积极作用。

第二，知识累积效应。累积效应指人才资本的主要含量是知识和技能，包括科学技术知识和管理知识与技能等，在长时间里会越积越多的效应。一个人只要接受教育，学习有用的新鲜事物，不断总结经验，且熟练运用新技术，他所拥有的知识存量就会增加、能力就会提高。对于一个地区而言，由于区域内不同个体和不同知识、能力之间具有互补、互动的效应，总体人才资本存量会随着个体的人才资本的积累而增多，整合后的人才资本存量将大于个体人才资本的简单加总。这是因为人才资本的溢出效应使其蕴含的能力即社会生产能力呈现出倍增的扩张之势。这种能力的运用——依据市场机制实现人才资本与物质资本相结合，就会推动经济增长。

第三，收益递增效应。收益递增效应是人才资本累积效应的结果。传统经济学理论认为，在技术不变的条件下，投入的某一生产要素超过一定限度后，会出现边际收益递减的趋势。但是，人才资本却呈现出不同的特征，它是一种"活"的、能动的智力资源。由于知识能够不断积累，人才资本的使用过程也就是知识增长、更新和人才资本逐渐开发完善的过程。区域人才高地的智力资本强化功能不仅不会使边际收益递减，反而会带来更高的投资回报率，给资本带来更高的增值。

（三）区域人才高地资源管理目标

1. 区域人才高地资源管理目标的设计原则

区域人才高地资源管理目标往往是一个组织或一个区域人才资源观念的集中体现。区域人才高地资源的主体是人才和人才队伍，其管理目标则是通过投资教育培养储备人才，通过丰厚的政策吸引优秀的人才，通过创造良好的发展平台留住人才，以促进区域产业结构调整、优化，促进区域经济持续协调发展。区域人才高地是由若干个人才聚集的企业集团或人才团队组成的，其资源管理目标往往可以分解成若干个企业或团队目标，而企业或团队的资源管理理念往往呈现出多种色彩。虽然区域内各个企业和不同的人才团队的人才资源管理理念不同，但其背后都有一定的管理原则并为这些原则所支配。对于区域而言，企业与人才团队为其管理的基本要素；对于企业和人才团队而言，员工为其人力资源管理的基本要素，这就决定了区域人才高地的资源管理目标的原则必然是政策性的，是针对区域内各类组织的，或者说是针对更细化区域的。区域人才高地资源管理目标的设计原则如下：

（1）以人为本的原则。人是一切管理的出发点和落脚点，人才资源开发与建设问题的本质是为人才的发展服务。只有坚持以人才为本，为人才提供满意的生活环境和事业发展的平台，才能实现区域人才高地资源管理的目标。

（2）民主管理的原则。"民主"管理是基于"以人为本"理念的重要原则。现代企业的经营与管理处处体现着民主管理的艺术，也诠释着集中指挥和民主管理的和谐统一。民主管理原则能有效地解决个人意志与集体意志之间的矛盾与冲突，在不断磨合中将二者有机结合起来，以此来提高集中指挥的有效性，充分发挥其职能。对于现代企业而言，职工参加代表大会、参与管理委员会或者股份制、参加质量管理小组和为企业提出合理化建议等活动都是科学的、积极的民主管理的体现。一方面，这真切地反映了企业职工对参与企业管理的归属意识；另一方面也是企业管理文化的表现形式，是当代企业员工素质提高的结果。

（3）权责清晰的原则。权责清晰的原则，指的是权利和责任的清晰明确、不容混淆的原则。在企业管理中，责任制指的是通过一定的程序，按照工作岗位明确员工的职权范围以及相对应的义务和工作标准，并派专人负责的一种管理制度。责任制是顺应经济社会发展、分工协作的产物，也是分工协作逐渐制度化的果实。随着组织的不断壮大，组织内部的分工越来越具体，各个部门、各个环节、每位员工之间的权责划分得越清晰，就越能更好地发挥各自的主动性、积极性，协调和沟通与各个其他环节的关系并取得良好的管理效果。在组织中，很多时候的责任会让人望而生畏，一些员工认为责任带有麻烦的色彩，总是不太愿意承担起来，殊不知责任的本身就是一种能力的体现，主动承担责任就是积极参与组织活动的重要途径。换言之，人才的竞争，看似是员工对组织的贡献大小的竞争，实际上也同时是员工承担责任多少的竞争，因为责任和贡献往往是孪生兄弟。责任的明确为组织的管理部门对员工进行监督、考核提供了科学的、客观的依据。责任制是责任和权利的统一。责任是"分工协作"的必然要求，权利是履行"责任"的必要条件和有力保证。

（4）公平竞争的原则。在市场经济条件下，相对公平的竞争环境能够更好地促进人才要素的合理流动，促成人才资源的合理配置和效率的提高。公平竞争，是在公平条件下的竞争和在竞争表现下的公平相结合的原则。公平原则是市场经济的一条基本规则。它的实现一般有三个基本条件：商品的生产者和经营者在经济上具有独立的地位；社会经济生产中与他人平等和自由活动的权利；商品的资源让渡和等价交换。这三个基本条件构成了市场经济的公平或平等原则。当这条原则被应用于人才资源管理之中时，就可以体现在很多可操作的具体方面，如员工在组织中的机会均等、得到组织平等待遇、每个员工的个性和能力均能得到全面充分的发展等。平等是相对的，绝对的平等就是另一种形式的不平等。因此，在劳动者的报酬方面，平等指的是相对的公平，主要指的是在企业组织中，员工的等量工作和贡献能够获得与其相匹配的报酬，这样的"匹配"会对员工产生很大的促进作用和积极的、正面的影响。因此，进一步看，公平在企业人力资源管理的内涵下，主要指的是企业员工的人格、发展机会等的平等，只有企业的软环境均等了，众多员工才能主动尝试和积极选择企业，企业也才能真正地不拘一格地选拔到真正的可用之才。

（5）合理激励的原则。人才资源管理范畴中，激励可以称得上是最为关键和核心的问题。管理的主要目的是充分而有效地利用人力、物力和财力等相关资源来实现组织的宗旨，达成组织的目标。在市场竞争日趋激烈、员工综合素质和对企业的要求日益提高的境况下，企业的组织管理者应当思考的就是如何有针对性地开展激励的合适方法，对于不同的员工采取不同的有效方法，最终达到充分发挥每位员工的积极性并激发其内在潜能的目的。由此可见，激励原则在组织的人才资源管理中意义重大、作用突出。通过激励可以加强企业的吸引力，有利于更好地吸纳更多的适用人才，使其长期为组织工作、服务并创造贡献和价值；激励可以使企业员工人尽其用，充分发挥其技术和才能，提高工作效率。此外，激励更可以改善组织的内部软环境，构建企业内部文化模式，成为组织运转的推动力，培养员工的凝聚力、向心力和归属感。

（6）流动和稳定相结合的原则。因人才资源的属性使然，各区域的人才资源是最基本的生产力要素，具有流动性无可厚非，这也是人才资源实现最佳配置的基本表现。这里所指的流动性，除了涵盖区域内部和外部之间的人才交流之外，还包含区域内部的人才沟通，这两种形式共同构成了人才资源流动的主要形式。人才的流动有利于达到人才的最优化配置，具有相对积极的意义，与此同时也要控制好其尺度，将流动性控制在一定程度内。因为组织的发展最终还是要以相对稳定的人才资源作为发展保障的。因此，流动性和稳定性要辩证统一地结合起来，寻求到最佳的结合点，共同服务于人才资源的建设和管理。

（7）可持续发展的原则。现代社会中，可持续发展已经是再熟悉不过的词汇了，也是社会发展的必然路径。可持续发展是一种机会和利益均等的发展。可持续发展原则应用于人才管理方面，就是要从区域经济和社会发展需要出发，长期、可持续地进行人才资源的开发、使用和建设。要保证人才资源储备库能够持续地、长期地为社会和组织供应人才，不能有人才枯竭以及因企业需要现培养、急于引进等问题的出现。这就要求人才管理者应该有战略性、前瞻性、发展性的眼光，能够提前做好市场用人预期和储备，让适用的优秀人才源源不断地供应给各单位和组织。

2. 区域人才高地资源管理目标的实施方法

管理活动是否有效，一方面取决于管理目标的正确性；另一方面也取决于在实施目标的过程中采取的措施的合理性。区域人才高地的人才队伍管理目标的确定也必须要讲究手段和方法的科学性，才能取得相对令人满意的管理绩效。区域人才高地人才队伍的管理内容广泛而丰富、管理对象纷杂多样、管理系统层次繁多，因此，人才队伍管理目标的设计方法也具有较强的多样性，这些可行的方法共同结合并发挥作用，逐渐融合成科学、合理、有效的方法体系。

（1）法规制度方法。区域人才高地人才队伍管理目标设计中的法规制度方法，指的是依据管理活动的客观规律和相关制度来规范管理行为和执行管理职能的方法。人才管理的法规制度涵盖国家机关和行业颁布的有关人事人才管理活动的法律、规程、标准、制度、实施细则等法规制度性文件。法规制度方法的内容包含了各种法规制度的立法、司法、仲裁和行政制度的执行。在管理活动中运用法规制度方法，关键在按照法规制度确定的权利、责任和义务来调整各种关系，以维持正常的管理活动的有序性。法规制度方法要起到应有的作用，要求人们具有对法规制度的权威意识和自觉的纪律观念，并配合严格的执法监督。拥有自觉纪律观念的人们把认真对待并贯彻执行法规制度作为他们应该遵守的纪律，如果他们违反了法规制度，则要受到相应的惩罚和制裁，这充分体现了法规制度的严肃性。

通过立法、司法、仲裁、行政和宣传教育等手段来实现有法可依、有法必依、执法必严、违法必究的法制理念，是区域人才资源管理法规制度方法的作用机制。法规制度除了严肃性外，还具有规范性、强制性和稳定性的特点。首先，法规制度具有一定的规范性，因为其是规范行为和活动的准则。正确合理地运用法规制度方法实施管理，既有利于建立和维系良好的管理秩序，也能更好地促进管理规范化的实现。其次，法规制度也具有强制属性，相关的制度体系一经形成，就立即贯彻和实施，所有被管理者要严格遵守规定，绝不容许任何组织和个人随意违反，否则他们也将受到相应的制裁。最后，管理法规制度是按照相对科学和民主的程序制定下来的，一经确定和发布，就要求下属机关长期参照执行，不容随意更改和修正，这就是法规制度的稳定性的特点。

（2）绩效考核方法。在区域人才高地的人才队伍建设和管理中，绩效考核也占有重要的地位。想要科学地设计绩效考核的目标体系，就得对区域整体发展目标进行分解，将其细化到各部门，从而形成部门目标之后，再结合部门的绩效指标以及各岗位的具体职能和职责，最终确定个人的关键绩效指标。这样一来，就能够有效地将个人绩效同部门、组织绩效挂钩，使员工的个人利益与组织的整体利益结合在一起。各具体岗位的核心工作大约占整体工作任务的20%，但就是这20%的工作，却需要职工付出80%左右的时间和精力才能完成，或者说做好，而且那些具体岗位的工作质量也决定于那些20%的工作质量。绩效考核方法在操作中首先要研究管理活动的数量表现、变化和关系，然后运用数学模型模拟管理活动过程并对其进行计算和分析，最终确定最优方案。在管理活动中，绩效考核方法的主要研究对象是一些数量规律，采用的工具是多种数学方法，通过计算机运算等手段寻求最优解决方案，使其具有定量、准确和先进性等特点。

绩效考核方法是技术性的，是实施管理目标设计的重要工具之一。管理活动的着手点是确定管理目标，进行决策后制订计划并实施组织和协调控制等。这其中的每一个环节的顺利进行，都需要采用一些适当的方法，而在众多方法当中，技术方法又是相对精确、严谨和可操作的。它能够提高管理效益和效率，将决策和计划科学化、合理化，促使控制职能更加有效以及资源有效利用和合理配置等。此外，相比于定性分析、以手工作业为主要特征的，不能适应现代经济社会和科学发展的经验管理方法，技术方法的客观性更强，精细化程度和科技含量也更高。在一般管理活动中，还是要将以往的定性管理逐渐转化为定性与定量相结合的、更为科学化的管理。

（3）行政管理方法。所谓行政管理是以法定的权责关系为作用基础、以人们的服从权威的意识为作用机制、用行政权力贯彻管理意图的管理模式和方法。行政管理方法的主要形式有行政命令、指示、规章制度、指令性计划、行政奖励与惩罚、行政干预与仲裁等。

行政管理方法主要是依靠组织赋予的行政权力，用非经济手段对其人才实施管理。因此，它具有以下特点：首先，行政管理具有相对权威性。因为行政管理方法是依靠组织与管理者的权力和威信建立起来的，这些权力对被管理者的意志和行为均有很强的控制和影响作用。而且，管理者的权威高低也直接决定了行政管理方法的管理效果的好坏。其次，行政管理具有一定的强制性。基于行政管理方法的权威属性，强制性也是基本的特点。被管理者在组织范围内受到权威的影响，对于管理者的要求和指令无条件地执行以获得认可并获得利益，否则将不能得到相应的劳动成果，甚至受到惩罚。再次，行政管理具有垂直性。在管理层级上，行政管理的顶端管理者按照项目管理系统中组织管理的各个层次和隶属关系，由上向下地下达行政指令以及公布计划和决策等，这就是行政管理的垂直性。最后，行政管理在一定时间范围内效果显著，因此具有时效性。一般而言，行政管理中管理者下达的指令能够顺利、迅速地贯彻执行，也能够收到良好的、立竿见影的反馈效果。

行政管理方法是管理系统中最为基本和古老的方法，但也是最简单、直接和有效的，因此在现代一般管理中，它仍占据重要地位。现代企业的项目管理基本都是组织庞大、专业多、分工细的复杂模式和系统，要形成整体效能，必须在专业分工的基础上实现高度的融合。这都需要具有高度权威性和统一性的行政管理方法来实现，这是集中、统一管理的基本保证，也是履行管理的各项职能的重要手段。履行管理职能的手段和工具很多，这些手段的基本要求都是要有益于贯彻管理者的意图，权威和服从不可或缺。

行政管理方法的根本是依靠行政权力和管理者的主观意志来实施管理，受管理者的主观性制约，这种方法的局限性在所难免。因为行政管理体现的是管理者一人或小部分人的意图，容易产生脱离群众的、简单粗暴的、强迫的命令，使被管理者处在被动的和受制的地位。短时间看来，似乎直接有效，但是被管理者的积极性和创造性同时也受到了不小的制约。因此，在具体操作过程中，行政管理方法也给管理者带来了素质的考验，其管理效果也因人而异。

行政管理方法是以管理者的权威为基础和背景的，具有强制性，可以强化管理效果，但并不科学。在管理过程中，还是要以管理对象和管理活动的客观规律为基础，以管理成效为目的。只有正确地行使行政权力、发挥权威的作用、充分考虑到管理对象的适应性和接受性，才能收到最佳的管理效益。在管理过程中，因对象和环境的不同，采用的方法和手段也应有所区分。如果忽视它们的客观规律、不适当地利用权威发号施令，往往会适得其反。换言之，管理者发出的行政指令和决策不仅仅要自认为正确，还要符合被管理者的行为规律和现实的客观情况，这样才能推动被管理者积极进取地工作。管理者也要善于培养和利用自身的高尚品德、人格魅力、良好素质和管理才能等影响力去影响和带动被管理者,谨慎地使用行政指令,多采取民主管理的方法。不可不论对象、环境、客观条件等随意使用命令和指示,那样不仅会使被管理者产生"驱使感"和"逆反感",也会减弱指令本身的有效性和严肃性,同时会挫伤和压抑被管理者的积极情绪。

(4)人才工作分析。人才工作分析也叫一般工作分析,是区域人才高地队伍建设与管理中,用以了解有关人才工作信息与情况的一种科学手段。换言之,其指的是分析者采用科学的手段和技术,直接收集、比较、综合相关工作信息,以此来为组织制订特定的发展战略、规划,最终为人才资源管理及其他管理行为服务。工作分析过程包括准备、计划、设计、信息分析、质量鉴定和结果表述几个环节。在这些环节中,信息分析与结果表述是工作分析的关键,计划与设计则是作好人才工作分析的根本和基础。

在人才工作分析的具体操作过程中,首先,要明确和制订各个职位的说明书,其内容基本包括该职务的性质、目标、主要工作内容、承担的责任与职责、可赋予的核心能力与权力、关键要素等,其形式大多是书面的。描述职务目标,要解释设计该职务的目的、职务的范围和权利性以及职务要完成的工作内容,也就是俗称的"3W"法,即回答了why,within和what三个问题。其次,有了明确的职务目标后,还需要确定能保证工作任务按时、顺利和高效率完成的职责。因此,在职位说明书中,职责占主要内容,其书写按主次顺序,用若干关键词来描述该岗位所应担负的责任、关键要素和核心能力等。职务说明书是人才工作分析的最终表现形式,其具有明确的格式要求和严格的质量标准。在形式上,一般的职务说明书主要包括概况、概要、职责任务与资格条件等几个部分,其内容上要具备严肃、准确、完备、广适、简约、预见以及可操作等特性。

随着人才工作分析内容的初步确定,采取何种科学、可行的人才工作分析方法也显得尤为重要。人才工作分析的基本方法除了观察法、主管人员分析法、访谈法、问卷调查法外,常用的还有参与法、工作日记法和关键事件法等。每种岗位分析方法都具有其自身独特的性质特点和优劣,在人才分析的具体过程中,一方面要根据工作性质、目的等客观实际情况有针对性地选择某种适当的方法,另一方面也可以考虑将若干种方法结合起来,取长补短,达到最佳效果。人才工作分析结果作为确定管理目标、绩效管理和"人岗匹配"管理的根本,其质量如何直接影响后续管理工作的质量与效率。因此,要采取一些鉴定方法对人才工作分析的质量进行衡量。在这方面，常用的鉴定统计方法主要有描述性统计法、一元统计法和多元统计法三种。其中描述性统计法是最为常用和被广泛接受的，它能鉴定人才工作分析的可靠性和有效性。换言之，人才工作分析的结果既要准确且经过验证，又要真实地反映客观现实情况，这两个维度也是要经过检测的。

（四）区域人才高地人才管理考核

人才资源开发与管理的目标与任务是取得最大的使用价值，即人的有效技能最大地发挥。在此目标与任务的前提下，在中观经济范畴，即区域经济范围内，应构建出人才资源开发与管理的评价指标框架体系。在目前人才资源市场化程度不高、市场透明度不够、信息不完全的情况下，地方政府将成为人才资源开发与管理过程中的规划和调控主体，而企业或具体工作部门成为运行和操作的主体。在区域人才高地人才管理考核体系中，大概有人才管理、队伍建设、平台建设、科研成果、生产经营、经济社会效益等几大一级指标，其中人才管理的考核指标基本是第一位的，其主要分层的二级指标主要有制度建设、管理措施和保障措施三大因素。

1. 区域人才高地人才管理的制度建设

（1）目标的制订。区域人才高地人才管理的制度建设是管理活动中的重中之重。任何制度的构建都要有明确的、切合实际的目标作为纲领和指引。目标的制订是制度的灵魂，也是出发点和归宿。因此，在考核区域人才高地人才管理制度建设的过程中，首先要看的是制度中目标的制订是否规范、客观、有可达性并且符合实际情况。只有明确可行的目标才能指引制度走向完善，否则一切都将是空谈。

（2）制度的完善。有了明确的目标指引方向，区域人才高地人才管理的制度是否完善也是考核的主体内容之一。人才管理制度能否面面俱到，有相对稳定的、具体的措施和执行标准，都是制度完善的表现。其中不仅包含日常的管理制度，也包含前面提及的考核制度、培训制度等人才队伍建设等方面的诸多制度。总而言之，区域人才高地人才队伍管理制度是一个相对复杂的制度体系，它的运转要多方努力共同配合，才能达到最优效果。因此，完善的制度是区域人才高地人才管理的强有力的保障。

2. 区域人才高地人才资源的管理措施

（1）管理机构。有了明确、完善的管理制度，就要认真地贯彻和执行下去。要有专门的管理机构来负责人才管理。这样的管理机构不能随意隶属于哪个部门，也不能被一些管理者分管，应该独立于其他部门和单位，有专人负责管理，有制订制度的权力和完善的机构。这些都会使区域人才高地人力资源管理更加规范化，也更便于对人才进行管理。

（2）领导重视。领导是区域人才高地人才管理的主心骨。区域人才高地具有很强的地方特色，是依托于各地区的实际情况而建立起来的。因此，要有相关领导对人才管理进行直接过问或者分管负责，这不仅能体现区域、地方对人才管理和资源建设的关注，更重要的是能够为人才管理提供政策性的、市场性的指导建议。

（3）参加和组织人才高地会议和活动。区域人才高地的建设不能一直默默无闻。人才资源管理要保持较强的市场敏感性和社会性。因此，经常参加和组织人才高地会议和活动，互相交流人才管理经验，有利于更好地建设人才高地，做好人才资源管理和服务地方经济与社会发展。

（4）专项资金管理和配套资金投入。再好的设想，如果没有强大的资金支持，也是空想。区域人才高地人才资源管理必须要有专项的资金和配套的投入，作为前期筹备和日后的管理保障。有了专项资金，才能更好地贯彻人才管理和队伍培养的各项政策和制度，维持人才高地的良性运转，为区域源源不断地输送和储备人才。

3. 区域人才高地人才管理的保障措施

区域人才高地吸纳、培养和输送各类型的、各层次和领域的人才。要想维护人才高地的基本运转，就要搞好基本的保障措施。例如，要有一定的科研条件，供科研人才发明创造，创新技术成果，还要给在过渡期的人才提供一定的生活保障和工作机会。这样，他们才能人尽其用，充分发挥其个人才能，既贡献于地方经济，又获得个人的成就以及经济利益和待遇。

（五）区域人才高地人才绩效管理

区域人才高地人才管理工作的绩效评价，要在遵循人才管理的主要观念和目的的背景下，结合区域特点和人才管理工作的实际情况开展，其指标考量要具有针对性，各指标的比重也要充分论证并有一定的数量性依据。区域人才高地人才管理工作的绩效评价可以分为以下阶段，并在具体操作过程中有些需要注意的方面。

1. 绩效管理的主要阶段

绩效管理是绩效评价的主要过程，也是主要的内容和重要方面，其大概分为以下主要阶段：

（1）绩效计划阶段。在这一阶段，管理者与人才共同来完成关于岗位设定、岗位目标、意义等的描述。让人才参与绩效的计划，不仅仅是企业绩效民主化的体现，更有益于人才了解绩效管理的实质，更全面客观地接受绩效管理。最后的记录要以书面形式保存下来，作为人才的绩效目标。这是绩效管理系统的开端，是良好的开始，也是最终进行绩效考评和评价的依据。绩效管理系统实际上是一种广义的、更为科学和精细的目标管理。在绩效计划制订的过程中，企业的最高管理层首先要确定属于整个企业的绩效目标，而后这些目标会被传达和分解到下一级管理层，这一层级的管理者就要根据自己部门的职责，明确自身为了帮助企业达到这些目标自己应当实现哪些目标，完成哪些工作任务。这种目标确定过程会依次传递和分解下去，直到企业中的所有人才都确定了能够帮助公司实现总目标的个人目标和需要完成的任务为止。而这些目标就成为对企业的每一位人才个人工作绩效进行评价的标准。总而言之，绩效计划的制订是一个将阶段性的目标与人才的岗位职责有机结合的过程，绩效评价的指标和标准必须涵盖人才70%～80%以上的工作。

（2）绩效计划执行阶段。这一阶段的实质是人才执行绩效计划和上下级之间进行不断沟通的阶段。在这一过程中，强调管理者与人才之间的沟通以及主管对人才的监督和指导。计划的制订并不是绩效管理的结束，而是开始，高层管理者要充分考虑自身人才的特性制订计划，同时也要对计划的实施和执行阶段做好监督和指导。不能仅仅等到年底，要一份考核表了事。在这一过程中，人才管理者和自己的人才要不断地进行沟通和磨合，要从人才的角度出发，观察其与绩效管理的各项指标的切合度是否有所偏离，如果偏离过多，要果断采取相应措施；如果吻合程度较好，又要及时激励，并保持这样良好的势头。要开诚布公地沟通、交流，对人才工作上的优点和缺点能够及时交换意见，不仅有利于人才的工作达成预期的要求，而且有利于人才和上级之间产生融洽的关系，有利于人才接受最终的绩效评价结果。而在这一阶段没有进行充分的沟通和交流，上级不指导下级，恰恰是导致我国许多企业的绩效管理工作陷入困境的最主要原因之一。为了做好最终的考核和评价，管理者要注意收集和保存在管理中出现的问题和数据，观察人才的业绩和表现，做好记录，其中也包括优秀的业绩和不好的问题，这样的绩效记录，对于将来的绩效反馈面谈、对人才进行奖惩甚至解雇都是非常重要的事实根据材料，在必要时还需要人才在某些业绩记录表上签字认可。

（3）绩效考核与评价阶段。经过一个绩效周期的观察和指导，之后该是人才获得自己评价的时候了。首先，要求人才对自己过往的一个评价周期的表现进行主动评估，自我反思，客观写下自己的工作业绩和存在的不足等，促进人才了解自己，敦促他们积极进步。其次，上级管理部门在人才自我评价的基础上，根据当初的绩效计划对人才的业绩进行评价。通常情况下，人才管理部门对人才的绩效评价，会采取将人才工作的结果以及人才完成工作的过程结合起来评价的做法。其中，对人才工作结果的评价主要依据目标管理法，而对人才工作过程的评价主要是从工作能力和工作态度两个方面来进行的。

对于不同类型的人员而言，工作结果、工作能力以及工作态度所占的比重可以是有差异的。例如，相对于职能管理人员以及事务类人员而言，在对工作结果比较容易衡量的业务人员进行绩效考核时，工作结果所占的比重可以较大一些，工作能力和工作态度所占的比例较小一些；相反，高层以及中层经理人员的工作结果所占的比重较小，工作能力尤其是工作态度所占的比例较大。然后是对人才的工作能力和工作态度的评价。由于对人才的工作态度和工作能力很难直接进行衡量，因此通常采用行为描述的方法来进行。在大多数企业，评价的最终结果都表现为一定的分数或点数，一些企业为了避免出现平均主义或者折中趋势的问题，还要求管理人员对下属人才的总体评价结果进行强制分布。

（4）绩效反馈面谈阶段。在最终的绩效评价结果生效之前，管理人员还必须与下级就评价结果进行讨论，一方面是为了使管理人员和人才对人才的绩效考核结果达成共识，使人才接受绩效评价结果；另一方面也是为了帮助人才查找绩效不佳的原因，通过绩效改善计划的制订来帮助人才在下一绩效周期进一步改善自己的绩效，同时这也是帮助人才进行职业规划和职业生涯设计的一个重要过程。绩效反馈面谈结束后，通常要求人才和管理者在绩效评价结果上签字，此后，绩效评价结果才能被最终运用于加薪以及奖金发放等方面。很多企业预先制订了申诉程序，如果有些人才对自己所得到的绩效评价结果有不同意见，可以在一定时间内通过该程序谋求分歧的解决。

2. 绩效管理实施的原则

（1）岗位定位的准确性原则。岗位是具体的工作设置，是所有工作活动中最细化的环节。它由最直接的劳动者来担任，承担起一部分责任并为之付出努力。在组织中，每一个岗位都不相同，也都具有其自身的特点和相应的范围，岗位的定位和职责范围的划分必须明确，因为只有各负其责，人才各自发挥所长，组织才能良性运转，岗位的实际意义也才能真实体现出来，否则就会出现空档或者虚设岗位等，既是管理的真空地带，又造成了一定的人力和资源的浪费。

（2）职位描述的确定性原则。岗位的确定要准确，范围的划分也要科学。之后，就要结合组织的实际情况，充分考虑企业的未来发展和管理目标，对各个职务进行深入的分析和反复论证，最终达成规划后，对其进行客观的、全面的、有效可行的描述。也就是前面提到过的岗位说明书。在描述过程中，越具体、客观，越能够有效地发挥作用，也降低了管理过程中矛盾出现的频率。

（3）绩效考评的全面性原则。绩效考评本身不能脱离人力资源管理系统而独立存在。它必须充分结合组织所设定的岗位实际情况，包括岗位目的、方向和职位描述等，综合设定相关的指标，来考评工作绩效。其全面性往往体现在既要考虑量化的工作任务，又要结合人才的平时表现和用心程度。将人才的能力与素质结合起来，全面、客观、真实地反映考评结果。

（4）考核目标的可达性原则。考核目标的设定要结合企业的岗位实际和岗位要求，充分考虑相关工作环境、工作联系等因素。考核的结果必须符合实际，具有可达性。任何形式的空想、想当然、拍脑门而设定的考核目标和考核指标都是没有实际意义的。

（5）考评指标的针对性原则。因岗位设置的不同，考评的指标也不宜一刀切。应该根据岗位的特殊性、人才的差异性设立不同的考评指标，既不能对优秀人才产生过多的束缚，使其无法充分发挥才能，又不能放任人才的随意行为。要配合岗位职能，讲求绩效考评指标的目的性。

（6）考核指标的量化性原则。考评指标的量化更有益于公平性的体现。对于一些可以用数字说明的问题，考评会显得更为直观和客观，并不掺杂个人意愿，也便于管理和操作。量化的考评工作更易于开展，但是对某些岗位并不尽适用，要结合一定的定性指标，才能保证考评的真正客观和公平。

（7）考核主体的全员性原则。既然是绩效考评，就应该树立全员参与的意识，不能随意违背、开特权，或者可以独立于考评系统之外，尤其是高层管理者。这是管理活动的一个重要的、不可或缺的环节。在具体的操作过程中，要广泛地宣传，让所有人才都能认识到考评工作的意义，对于抵触和逆反情绪要及时处理，争取让全员顺利接受考评并以此为动力，督促自己规范自身行为，主动积极表现，提高自己的绩效。

3. 绩效管理实施的注意事项

（1）明确绩效管理的基本点。绩效管理并非一个或者几个管理者随意制订、随意更改，拿来评价底层人才，并希望以此来克扣人才待遇，达到节约成本目的的行为，但这样的误解在很多组织中广泛存在。究其原因，就是在管理决策制订的一开始，就没有说清绩效管理的基本点。绩效管理是在科学分析、调查各岗位职能的基础上，获得可靠的量化数据，再结合岗位自身的特点，建立一个相对科学的指标体系系统。这样的评价系统不仅仅可以用于组织对人才的日常考核，也可以作为人才升迁、招聘、培训等项目的有力保障，是进行职务评价、确定岗位价值的重要依据。

（2）明确绩效管理的目标。绩效管理的目标并不是只为了达成管理者单方面的意愿，更应该是一种考核和管理系统，其实质是为了更好地促进组织的未来发展。但是很多人才对此并没有明确、清晰的认识，认为绩效考核就是一张表格，就是墙面上张贴的管理制度，只要完成了考核表中的各条项目，按照各种指标去做，就是完成了绩效考核。这种理解是片面的、单一的。绩效管理中，考核仅是其中的一项工作，更多的则是体现在日常的管理活动中。企业组织是一个整体，只有每个职工都按照既定的岗位说明完成工作任务，并能够立足岗位，作出业绩，提高效率，企业的未来发展之路才能走得更为顺畅。公司的绩效并不是管理者创造的，而是众多的人才共同合力的结果。每个人才的绩效都关乎企业的经济效益，关系到整体的绩效。

（3）树立绩效考评的新理念。在绩效考评的实施过程中，管理者的素质也对绩效管理活动产生着一定的影响。有的管理者认为绩效考评不过是一种形式，就是自己给自己增大工作量和压力，没必要搞这些形式上的考评。这样的观念是要转变的，要充分、科学、客观地认识绩效考评的有效性、长远意义和战略意义。要注意培养绩效管理参与的全员性，而不是简单的领导考评人才。不断地完善绩效管理考评体系，也要体现现代管理的民主化、科学化和人性化，不要片面追求过分量化和表格化。

（六）区域人才高地管理的多元模式

区域人才高地管理是一项非常重要的管理工程，必须有切实的管理机构来设计和组织实施才能实现管理目标和任务。但是，区域人才高地管理又不同于企业的人才资源管理，企业的人才资源管理相对比较简单，往往有一个高层次的人才资源部就能实现企业的人才资源管理。然而，区域人才高地管理就不那么简单了，作为一个区域，可能是一座城市，也可能是一个地区。以一座城市而论，既有企业单位，又有事业单位，还有大大小小的自营组织；既有第一产业、第二产业，还有无数的第三产业组织，往往涉及工、农、商、学、科技、信息、文化、体育、教育、物流、咨询、服务等方方面面，战略管理内容十分庞大。其中任何一个组织都是一个社会分子，对区域经济社会发展都有直接或间接的重要作用。因此，区域人才高地管理的实现条件也十分复杂，单单依靠政府的人事管理部门很难实现高端人才资源管理的目标，而且很难建立起一个具有全功能和覆盖全方位的高端人才资源管理系统。区域人才高地管理的多元模式如下：

1. 扁平式网络化管理模式

扁平式网络化管理是近年来兴起的适合于区域人才高地管理的一种现代管理模式。传统组织是金字塔式垂直管理的，从价值产生到价值确认过程中，插入了许多中间环节，每一个中间环节都可能造成信息阻塞和失灵。而现代组织是水平式网络化管理，即是一种价值产生与价值确认直接对应的模式。随着计算机技术的普及应用，传统的中层岗位的监督和协调功能已经被计算机网络所取代，处于组织管理层的最顶部和最底部的人员，可以通过计算机网络实现沟通和联络，组织的结构趋于扁平化，因此传统的纵向管理正逐渐被横向管理所取代。换言之，借助强大的计算机网络的优势，可以打破传统组织金字塔式的纵向管理模式，使组织内部各个成员及团体之间自由组合、自由拆分的横向管理成为可能。

运用网络化的计算机系统可以迅速地传递各种人才资源管理信息，使庞大、复杂的区域战略人力资源管理成为可能和可行。实行网络化扁平式区域人才高地管理模式的首要条件是要建设一个区域人才高地管理信息平台，区域人才高地管理信息平台需要有一套完善的HRMS软件[①]。HRMS软件的数据库还将为HR管理者提供组织中所有员工的人事、考勤、考核、培训、薪资、福利等各方面的信息，系统将能快捷、方便地获得各种统计分析结果，为组织的战略目标的实现提供人才资源要素的决策支持，使人们在各个不同的工作地点都能实现区域人才高地管理信息共享与交流。另外，还可以为其他管理人员及员工提供各种形式的自助服务，如高层经理可以在网上查看企业人才资源的配置、重要员工的状况、人才资源成本的分析、员工绩效等；对直线经理而言，可以在网上直接安排、调配和检查相关人员的工作。

网络技术的应用还可以为HR部门直接管理自己部门的员工，如可以在授权范围内修改属下员工的考勤记录、审批休假申请、进行绩效考核等；对于普通员工，可以在网上查看本月薪资明细、累计福利、内部股票价值、内部招聘信息、各种人事政策、个人考勤休假情况、注册内部培训课程等。自助服务的提供，使得HR管理从以前的相对封闭变得开放、滞后管理变成超前管理，这无疑可以改善HR部门对企业最高决策者以及全体员工的服务质量，并使得组织中的全体人员都能参与到人才资源的管理活动中来。

2. 虚拟化组织管理模式

在区域人才高地管理活动中，虚拟化组织管理不失为一项可行的模式选择。在知识经济的大背景下，借助网络的强大功能，构建虚拟组织，实施虚拟管理与经营，正逐步成为许多企业和社会组织实现迅速发展的有效途径。在虚拟组织管理模式中，组织只要拥有核心功能，其他不具竞争力的功能都可以虚拟化，并借用外界力量来进行组合。所谓核心功能，包括组织拥有的专利、品牌、商标和专有技术等属于本组织最主要的有形或无形资产。在组织内部资源有限的情况下，

[①] HRMS全称为 Human Resources Management System，即人力资源管理系统。HRMS软件是组织用于管理内部HR职能的软件套件。从员工数据管理到薪资、招聘、福利、培训、人才管理、员工敬业度和员工考勤，HRMS软件可帮助HR专业人员进行全方位的现代化员工管理。

一些企业与组织，为取得竞争中的优势地位，把非核心功能的低增值部门虚拟化取得了巨大的成功。像耐克、可口可乐等企业就是这样经营的，它们没有自己的工厂，而是通过把一些劳动密集型的部门虚拟化，并转移到低劳动成本的国家进行生产，从而在竞争中最大限度地利用了资源，实现了资本的大幅度增值。

（1）人才管理使用的虚拟化。高端人才智力资源的供求矛盾导致了管理与使用形式变得越来越灵活，出现了所谓的高端人才虚拟现象。不求所有，但求所用。高端人才虚拟是一种典型的借用外脑的运作模式，它是通过外部的智力资源与自身的智力资源相结合以弥补自身智力资源不足的一种管理方法。这种现象的出现，打破了传统的人才资源组织管理的界限，使得为组织提供高级智力服务的人才不仅仅局限于一个组织，而是为众多企业所共同拥有。当然，这种虚拟的智力资源多为组织外部的管理专家或技术专家。如美国的IBM公司、惠普公司多年来坚持充分利用企业外部的虚拟的智力资源，它们常年聘请多位来自不同领域的技术专家、管理专家等，组成公司的高级顾问团，参与研究和策划企业的发展以及讨论企业经营过程中遇到的问题，很好地发挥了企业内外智力资源互补的优势。

（2）人才招聘与引进的虚拟化。人才资源相关法律法规的变化，以及外部环境的不断变化，给企业的招聘政策、招聘工作带来了较大的风险；同时，虚拟组织中员工的流动性、弹性和可替代性将越来越大，因此，该项工作走向虚拟的程度也越来越高。由外部中介机构在人才资源相关法律法规的约束范围内，根据企业所需人员的条件进行广泛、有效的筛选后，能够为企业提供较为合理的人才资源的配置，这种现象在国外已成为不争的事实。

（3）人才工作报酬管理虚拟化。作为人才资源管理部门的最基本业务——工资的计算与发放也可能虚拟化。我国的多数机关、企事业单位也都由银行来代发工资，从而提高了薪酬发放的效率，降低了管理成本。

（4）人才再培训工作的虚拟化。区域人才高地要保持区域人才的质量和水平不因时代的发展而下降，必须根据企业或事业发展的需要，不断地组织相关人才进行再培训，这种再培训过程往往也是管理者和员工的互动式教育过程，因此，人才资源培训工作不仅要由学校里的教师来担任，而且更要结合企业的实际进行。这不仅要求员工自身要有较强的适应动态变化的学习能力，而且也对培训提出了更高的要求，由专业咨询公司或院校进行相关培训也在所难免。

三、区域人才高地的可持续发展

（一）采用区域创新驱动发展战略

在当前全球经济格局和科技革命的双重推动下，创新已成为区域经济发展的核心驱动力。区域人才高地的建设需要依靠强大的科技创新能力，通过科技进步和技术革新，推动产业的升级和转型，以实现经济的高质量发展。

第一，科技创新能力的提升离不开高水平的科研机构和人才队伍。区域应加强与高校、科研院所的合作，建立产学研协同创新平台，集聚一批具有国际竞争力的科研人才。政府应加大对基础研究的投入，支持原创性、引领性的科技攻关项目，为科技创新提供坚实的基础。此外，还应注重培养和引进高层次科技创新人才，通过政策引导和资金支持，吸引海内外优秀科技人才来区域发展，形成多层次、多领域的科技人才梯队。

第二，产业升级转型是实现区域经济可持续发展的重要途径。区域应根据自身的资源禀赋和产业基础，制定符合实际的产业发展战略。应大力发展高新技术产业和战略性新兴产业，推动传统产业的智能化、绿色化改造。通过科技创新，实现新旧动能的转换，提升产业的核心竞争力。例如，可以在电子信息、生物医药、新能源等领域，布局一批具有前瞻性和带动性的重大项目，培育形成新的经济增长点。

第三，科技创新与产业升级转型需要良好的创新生态系统支撑。政府应优化创新环境，深化"放、管、服"改革，简化行政审批程序，降低企业创新成本。应加强知识产权保护，营造公平竞争的市场环境，激发企业的创新活力。同时，还应推动科技金融结合，完善风险投资、创业投资等多层次资本市场体系，为科技创新提供有力的金融支持。

第四，区域还应重视创新文化的培育和弘扬。创新文化是激发人才创新潜能的重要因素。应通过多种形式的宣传和教育，营造尊重知识、崇尚创新的社会氛围。应鼓励企业建立内部创新机制，激励员工开展创新活动。通过组织创新竞赛、设立创新奖项等方式，激发全社会的创新热情。

（二）将绿色发展理念作为重要目标

在全球气候变化和生态环境问题日益严峻的背景下，绿色发展理念已成为各国实现可持续发展的重要指导思想。区域人才高地的建设也应将绿色发展作为重要目标，促进人才发展与生态环境保护的协调，实现经济、社会和环境的协调发展。

第一，绿色发展理念要求我们在人才引进和培养过程中，注重环保意识的提升。区域应加强环境教育和生态文明建设，将环保理念融入人才教育和培训体系。通过开设环保课程、组织生态考察等形式，提高人才的环境保护意识和责任感。应鼓励科研人员开展绿色科技研究，推动低碳技术、清洁能源、循环经济等领域的科技创新，为生态环境保护提供技术支持。

第二，区域在发展经济的同时应注重生态环境保护，确保经济发展与环境保护相互促进、相得益彰。应制订科学合理的发展规划，避免盲目开发和资源浪费。在引进项目和企业时，应严格环境准入标准，优先选择绿色、环保的高新技术产业和现代服务业。应加强生态环境监管，完善环保法律法规体系，严厉打击环境违法行为，确保环境质量持续改善。

第三，绿色发展需要政府、企业和社会各界的共同努力。政府应发挥引导作用，制定和实施绿色发展政策，提供资金和技术支持，推动绿色产业的发展。企业应履行环保责任，积极采用清洁生产工艺和节能减排技术，降低生产过程中的资源消耗和环境污染。社会公众应增强环保意识，积极参与环保行动，共同营造良好的生态环境。

第四，绿色发展还需要创新绿色金融机制，为绿色产业和环保项目提供有力的金融支持。政府应推动绿色信贷、绿色债券等金融产品的发展，引导社会资本投向绿色领域。应建立环境权益交易市场，促进企业通过市场机制实现环保目标。通过多渠道、多层次的金融支持，推动绿色产业快速发展。

（三）区域协同合作推动区域经济发展

在经济全球化和区域经济一体化的背景下，区域协同合作已成为推动区域经济发展的重要手段。区域人才高地的可持续发展需要加强区域间的人才交流与合作，实现资源共享与优势互补，提升区域的整体竞争力和发展水平。

第一，区域应建立健全人才交流合作机制，促进人才的自由流动和合理配置。政府应加强区域间的政策协调，制定统一的人才引进、培养和使用政策，消除人才流动的障碍。应建立区域人才合作平台，组织人才交流活动，促进不同区域的人才互动和合作。通过人才交流合作，可以共享人才资源，弥补各自的短板，实现优势互补。

第二，区域间的合作应注重产业链的协同发展，推动产业链上下游的深度融合。应根据各自的产业优势和特点，制定协同发展战略，形成区域间的产业分工和合作。通过产业链的协同发展，可以实现资源的优化配置，提升产业的整体竞争力。例如，可以在区域内布局一批产业园区，吸引相关企业入驻，形成完整的产业链条，推动区域经济的高质量发展。

第三，区域间的合作还应注重科技创新的协同推进。应加强高校、科研院所和企业间的合作，建立产学研协同创新机制，推动科技资源的共享和合作攻关。应组织联合科研项目，开展跨区域的科技攻关，解决关键技术问题，提升科技创新能力。通过科技创新的协同推进，可以实现技术的快速转移和应用，推动区域经济的转型升级。

第四，区域间的合作还应注重人才培训和教育资源的共享。应加强教育资源的统筹协调，推进教育资源的共建共享。可以通过联合办学、教师交流、学生交换等形式，提升教育资源的利用效率。应加强职业培训和继续教育，满足区域经济发展的多样化需求。通过教育资源的共享，可以培养更多高素质的应用型人才，推动区域经济的可持续发展。

（四）区域人才政策的动态调整与优化

区域人才高地的可持续发展需要根据区域发展实际，适时调整人才政策与建设方向。只有不断优化和调整人才政策，才能适应不断变化的发展环境和需求，实现区域人才高地的长久繁荣。

第一，区域应建立动态的人才政策调整机制，及时回应市场和社会的需求变化。政府应建立定期的市场调研和人才需求分析制度，掌握区域经济和产业发展的动态，及时调整人才政策。例如，可以根据市场需求，制定和调整人才引进、培养和使用政策，确保人才政策的科学性和针对性。应加强政策的灵活性和弹性，能够迅速应对突发情况和新的挑战。

第二，区域应注重人才政策的精准化和个性化，满足不同类型和层次人才的需求。应根据不同人才的特点和需求，制定差异化的人才政策。例如，对于高层次科技创新人才，可以提供高额的科研经费和生活补贴，吸引他们来区域发展。

对于技能型人才，可以加强职业培训和技能提升，满足企业的用工需求。通过精准化和个性化的人才政策，可以提高人才政策的有效性和吸引力。

第三，区域应加强人才政策的实施和评估，不断优化政策效果。政府应建立健全的人才政策实施机制，确保政策的落实到位。应定期对人才政策的实施效果进行评估，及时发现问题和不足，提出改进措施。应加强政策的宣传和解读，确保企业和人才充分了解和利用政策。通过有效的政策实施和评估，可以提高人才政策的执行力和公信力。

第四，区域还应注重人才环境的优化，提升人才的综合发展环境。政府应加强基础设施建设，提供良好的工作和生活条件。应推动公共服务的均等化和优质化，提升教育、医疗、住房等公共服务水平。应加强文化建设，营造良好的社会氛围，增强人才的归属感和认同感。通过优化人才环境，可以提升区域对人才的吸引力和凝聚力。

第四节 人才资源开发助力区域经济持续增长

人才开发战略是为适应区域内、外部环境日益发展变化的需要，依据区域整体发展战略而制订的人才资源开发与管理的整体、长期、基本性问题的谋略，是区域具有纲领性的长远规划。它对人才资源开发与管理活动具有指导作用，是区域发展战略不可或缺的重要组成部分，更是区域战略实施的重要保障。只有把培养、吸引和用好人才摆到突出的战略地位，创造更加有利于人才发展和成功的环境与条件，加大人才开发力度，才能实现区域人才高地建设和助力区域经济持续增长的目标。

一、人才资源开发助力区域经济持续增长的教育培训战略

教育是人才资源开发的基础，教育培训是区域人才开发战略中的主体战略。区域人才资源开发战略中的根本措施是建设学习型组织，构筑区域终身教育体系，加大公务员和企业职工的教育培训力度。

（一）大力开发区域高端人才资源

区域的第一资源是人才资源，高端人才资源的数量和结构决定着区域人才高地的质量和水平。建设学习型组织，对于全面开发区域的人力资源，提高人力资源的综合素质，推动区域的经济和社会发展，具有十分重要的作用。开发和建设高端人才队伍，必须从建设学习型组织开始。学习型组织是区域的基础和主要依托，没有一大批学习型的企业、机关和社区的建设和发展，就很难实现区域经济和社会发展的目标。要大力推进以学习型机关、学习型企业、学习型社区、学习型村组等多种类型的学习型组织建设，在学习型组织建设中，应坚持以人为本，以人才资源开发和人力素质提升为核心，以培养学习能力、实践能力、创新创业能力为重点，在规范中推进，在普及中提高，在探索中创新，在求实中深化。形成教育成才、自学成才、岗位成才、创业成才等多途径打造人才的良好局面。

人才是第一资源，发展是第一要务。建设学习型组织是开发第一资源、推动第一要务的重要工作。各级党政组织及领导必须把创建学习型组织工作作为贯彻科学发展观的一项战略任务，纳入重要议程，加强领导，明确责任，精心筹划，切实抓紧抓好。要通过学习型组织建设为经济发展目标提供智力支持和人才保证，必须建立和完善创建学习型组织工作的长效运行机制。建立和完善学习型组织建设的长效运行机制，对深化学习型组织建设带有根本性、全局性、稳定性和长期性作用，更是人才资源开发的根本保证。建立和完善创建工作的运行机制要着重考虑以下方面：

第一，建立健全持续稳定的投入机制。学习型组织建设是贯彻科学发展观的具体体现和实际工作，没有投入，许多工作就难以开展。区域领导要为学习型组织建设设立专项资金，专款专用。还要面向社会多渠道筹集学习型组织建设资金。

第二，健全教育与学习的共享机制。按照社会化、市场化运作的方式，挖掘整合全社会的学习与教育资源，健全资源共享机制。提供各种导学服务，构建社会化学习平台，实现图书流转和学习功能最大化，建立学习型组织网上信息平台等。

第三，完善激励约束机制。在全区域形成崇尚学习创新和尊重人才的价值取向及其舆论氛围。制订具体、科学的创建学习型组织目标，激励起社会组织及其成员的竞争意识、进取精神和创造力。在干部选拔、人才使用上充分体现量才录用、择优选拔的原则，引入竞争约束机制，增强人们的危机感，激发自觉学习和自我成才的热情。

第四，建立学习型组织建设的创新机制。理论工作者要深入基层，向实践学习，并为创建工作提供咨询、决策服务。实际工作者也要善于总结经验，上升到理论层面，形成规律性的认识，做到实践一步，总结一步，学习一步，前进一步。用学习型组织建设的成绩为区域的建设和发展提供优质的人才资源。

（二）全面提高区域人才资源素质

培训是企业与人才培养专用性资本契合的最佳途径，是人才开发战略的重要环节。在实施区域人才开发战略的过程中，应建立专业技术人员与公务员培训机制，大力提高区域人才资源的综合素质。

1. 树立区域人才培养的培训理念

在加强区域人才培养培训中，必须树立以下理念：

（1）最具效益的投资理念。相对于物质资本和货币资本而言，人力资本投资是回报率最高的投资。学习培训具有成本低、周期短、见效快等特性，不但能为区域带来显著的经济效益，而且具有很好的社会效益。

（2）是权利又是责任的理念。学习是个人重要的权利，对广大公务员与专业技术人员而言，更是一种政治责任和精神追求，不但有利于满足人的物质需要，改造客观世界，而且有利于改造主观世界，最终上升到满足人的精神需要的高度。

（3）终身学习的理念。市场经济的本质特征就是竞争，打开竞争之门的钥匙就是学习培训。在现代社会，学习是人们生存的基本方式，更是接受终身教育的过程。一个人能否不断进步，能否为社会作出较大贡献，在很大程度上取决于是否热爱学习和刻苦努力。

2. 加强区域人才教育机制的建设

提高人才的创新意识和创新能力，应注重继续教育基地建设，发展网络教育。积极利用现代科技手段，紧紧围绕当代科学技术的发展和区域重点行业、领域的需要，对专业技术人员和经营管理人员实施以"新理论、新技术、新方法、新技能、新信息、新知识"为主要内容的教育培训。通过实践和理论的研究，进一步指导继续教育工作的深入开展，逐步形成政府调控、行业指导、单位自主、个人参与的继续教育格局。

要制订中青年人才培养方法，为优秀中青年骨干成长提供更加广阔的舞台。尽量多吸收中青年骨干参加各种高级研修班、各级学术机构和评审组织，在开展中青年骨干短期出国培训的基础上，逐步增加中长期出国培训工作。

确保最大限度地发挥区域人才和区位优势，应认真贯彻各项教育法规，进一步加强教育培训的法规和配套制度建设，切实保证专业技术人员和经营管理人员每年接受教育培训分别达到72学时和56学时，建立培训与考核、任职、定级、晋升职务等挂钩机制。并适时加大教育培训的经费投入力度，逐步增强教育培训市场化和社会化意识。

3. 争取人才教育培训效益的最大化

让爱学习、会学习、可以在岗位积极实践并发挥作用的人获得培训机会、受到激励是人才资源投资收益的高层次思维。加大人才资源开发的投资，就可能获得最大的回报，培训是人力资本投资的重要渠道。区域持续地发展靠人才，人才不断地涌现要靠开发。要有效地运用人力资本理论，进行注重效益的人力资本投资，要争取培训效益的最大化，促使人才资源价值最大化，使区域人才资源在整体素质上获得改观。

应用性培训对于人才再教育和素质的提高是一个重要环节，提高人才培养效益，要以应用性培训为方向，这是值得重视的人才开发的有效途径。应用性培训具体可分为内部、外部和公共培训三个方面。内部培训可根据需要和可能设立，是单位或企业内部的培训，可请外部专家指导；外部培训主要指将人员派往学校或培训机构的培训；公共培训指的是政府主导的有目的的集中培训。区域人才培养要逐渐由政府育才发展为社会育才，走产、学、研相结合的道路。

创新培训方案，要与时俱进，要提倡开展文科和理科相补充，技术与管理相交叉，学习与实践相结合，培养具有综合知识结构、能力结构以及健康心理素质的复合型、适应型的通识人才的培训，为进入国际市场竞争打下坚实的基础。同时有效利用现代化手段以及新闻媒介等推动企业和社会的人才资源培训开发工作。

4. 加强公务员和经营管理人员能力培训

（1）公务员培训施教机构体系亟待完善。根据公务员培训需求，要逐步建立公务员培训基地，要按照公务员年度培训计划组织培训，承担公务员初任培训、任职培训、更新知识培训等的教学组织和教学管理工作。只有实行公务员培训施教机构资格认定制度，职能明确，管理规范，才能保证培训质量。

（2）公务员和经营管理人员培训内容、制度建设势在必行。在培训工作中要时刻注意现代科学的发展，不断更新培训的内容，采取现代化的培训手段，大胆采用灵活多样的方法，总结实践中创造的双讲式教学、案例教学、研讨式教学、情景模拟教学等经验，不断完善，加快推广，力求在有限的时间内尽可能多地传播新信息、新理念、新知识，学会更多、更新的方法和技能。在现行的培训、考核、奖励工作中，要增补能力建设的相关内容，以健全以公务员和经营管理人员能力建设为主要内容的培训制度。培训方面，要以能力建设为主要内容，研究制订公务员初任培训办法、任职培训办法、专业知识培训办法、更新培训内容，建立培训质量评估办法及培训年度计划备案等一系列有利于能力建设的培训制度，使公务员和经营管理人员教育培训工作有章可循。

（3）公务员和经营管理人员培训激励约束机制尚需落实。要根据培训形式不同，建立不同的培训考试考核制度，建立"手册登记"制度，建立考核档案，把按规定参加的培训和考试、考核结果，作为公务员年度任职、定级、晋升职务以及考核的必要依据。进一步落实并完善培训与使用相结合的制度，引入"动力机制"，变被动培训为主动参与培训。

（三）加快构建区域终身教育体系

构建终身教育体系，是学习型组织建设的一个重要战略目标，更是保障优质人才源源不断地供给社会的一个战略措施。必须动员全部教育力量，整合区域教育资源，加快构建以自我学习需求为动力、以提高终生能力为目标、以连续性和经常性的教育与学习为特征的终身教育体系，这是人才资源开发战略中的核心战略。

第一，高校要为构筑区域终身教育体系作贡献。高校教育资源丰富，是构筑区域终身教育体系的重要力量。发挥区域内高校优势是当前加快教育社会化进程的重要手段。高校要克服自我封闭状态，增强责任意识、大局意识，加大高等教育资源的开放力度,实现教育资源的社会共享。为此,有的高校推出了建设人才储备基地、企业人才培训基地、旅游教育基地、区域文化与体育运动基地以及与社会共享图书馆、体育馆、音乐厅等措施。不仅是构筑区域终身教育体系的需要,是建设学习型区域的需要,同时也是高等教育大众化发展的需要,是高校自身发展中与社会融合和为社会服务的需要。另外,还要积极推动高校教育与城乡社区教育的联姻,实行多种形式联合办学。其中,创办社区学院的经验做法值得借鉴,不仅有利于人才开发与建设,有利于构筑终身教育体系,而且有利于区域与社会发展。

第二,民办教育要为构筑区域终身教育体系大显身手。教育需求与教育供给的矛盾在未来的发展中仍然比较突出,要解决这一矛盾,必须发展民办教育。近年来,民办教育有了较大发展,为满足教育需求发挥了不可低估的作用,已成为推进终身教育体系建设的新生力量。因此,应当给民办教育以更多的关爱与呵护,尽快形成公办、民办教育共同发展的新局面,还需要考虑两个问题:首先,教育行政部门必须解放思想,转变职能,搞好服务,为民办教育发展提供宽松的环境。提高对民办教育地位、作用的认识,排除影响民办教育发展的障碍,依法保障民办学校的权益。其次,政府必须正确引导、依法管理民办教育。民办教育仍处于发展的初级阶段,发展过程中还存在着"办学模式粗放、竞争无序、教学质量有待进一步提高"等问题。法律约束机制、市场环境发育以及自律机制尚不健全,民办教育健康发展尚需积极引导,才能为构筑区域终身教育体系、开发区域人才资源作出积极的贡献。

二、人才资源开发助力区域经济持续增长的市场配置战略

(一)大力推进区域人才高地的市场配置进程

要加强对人才市场的宏观调控与指导,做好人才市场总体布局,提升人才市场层次。当前要按照建立"机制健全、功能完善、法规配套、服务规范、统一开放、科学合理"的人才市场的指导思想,重点发展和分类建设企业经营者人才市场、高新技术人才市场、农村人才市场。特别要重点建立几个有特色的企业经营者和高新技术人才市场,建立若干个大学毕业生就业市场,加快网上人才市场建设,形成人才市场信息化体系。

积极开拓创新，发挥区域人才优势，努力发展人才素质测评、择业指导、职业培训、人才租赁、人才派遣等新型人才中介服务，进一步健全市场机制，推进人才市场配置人才资源的进程。最大限度地发挥人才市场的中介和交换平台作用，根据区域的经济与社会发展需要，实行更优惠的政策和灵活的方法，积极引进人才和智力，广泛吸引各类专家从事经营管理和技术咨询。

同时，还要按照建设和发展高水平人才市场的思路，探索人才中介机构产业化发展方向，加强对人才市场中介服务机构和人才服务工作的指导，建立人才市场中介服务机构的准入制度，促进人才中介服务机构形成知名品牌。进一步拓展人才市场服务领域和对象，逐步消除人才流动中身份、所有制、地域等因素的限制，提高人才服务工作的质量和水平。探索人才市场供求价格机制，完善人才中介服务行为规范，营造人才资源合理配置的市场氛围。

（二）完善区域人才高地市场化配置运营体系

政府主管部门可通过立法加强对人才市场的管理，逐步实现由行政管理向法制管理转变，由审批式管理向资质管理转变，由静态管理向动态管理转变的过程。政府部门对国家出资创办的经营实体，按出资额享有资产受益、重大决策和选择经营管理权，通过出资人代表行使应有职能，不干预人才市场中介服务机构的经营活动，不直接参与人才市场的经营，人才市场中介服务机构的工作人员不再具有国家公务员身份。

人才市场中介服务机构必须与原主办单位脱钩，改制为独立运作的企业或开发经营性的事业法人实体，真正成为独立运作的市场竞争主体。人才市场中介服务机构要自主经营，照章纳税，对所有者的净资产承担保值增值责任，不得损害所有者权益，不再从事政府委托或授权的公益性、行政性业务。按照区域经济社会发展和建立完善人才市场体系的需要，发展具有自主经营、自负盈亏、能够独立承担法律责任的各类人才市场中介服务机构。实行统一的市场准入制度，按照放开、搞活的原则，实现政企、事企分开，创造公开、公平、公正的投资、竞争与经营环境。

（三）提高区域人才市场管理与社会化服务水平

第一，加强人才中介机构建设，积极推动人才中介服务机构的适应性改革。

实现政府所属人才中介服务机构与政府行政管理部门政事分开，促使人才中介服务机构独立运作，成为依靠市场发展的主体。

第二，促进人才中介服务机构向规模化、产业化发展。指导人才中介服务机构科学定位，形成几个国内外知名的人才中介服务机构品牌，不断增强区域人才市场的国际竞争力。积极发展新型服务业务，如人事代理、人才测评、职业指导、人才派遣、人才租赁等，规范人才中介服务标准，建立完善服务标准化体系，促进人才中介服务机构增加服务科技含量，改善服务手段，改进服务态度，提高服务质量。在保证人才安全的基础上，进一步开放人才市场，鼓励有竞争力的人才中介服务机构参与国际间的竞争。

第三，建立起与国际人才市场相融合的人才市场服务网络，发布对外国人才的需求信息，搞好国际人才市场供给与需求预测，广泛收集和发布国际人才市场的价格，疏通人才引进渠道，方便供需双方交易。

第四，进一步研究建立人才市场标准化、规范化管理制度。进一步建立健全人才市场管理行政执法责任制，加大人才市场管理执法力度，坚持依法管理市场，文明执法，强化日常监督和管理，打击非法人才中介活动及非法招聘和非法应聘行为，保证和维护人才市场主体的合法权益。不断规范人才中介服务关系、聘用关系和招聘应聘行为。

第五，建立适应国际惯例的人才市场准入制度，逐步实现人才市场管理由政策性规范向法制性规范转变。加强人才市场管理，充分发挥政府管理部门引导和促进市场发展的积极作用，坚持依法行政、依法管理市场的方针，不断完善市场管理法规，努力创造公平竞争、有利于发展的人才市场环境。

三、人才资源开发助力区域经济持续增长的改革创新战略

对每一个区域而言，人才资源开发不仅是一项必要的常规性工作，同时更是一项关系区域经济持续增长的战略性工作，常规的工作不改革就不能进步，战略性工作不创新工作流程就不能有突破性的发展。必须把改革创新战略作为区域人才资源开发总战略中的关键，精心策划，大胆改革，勇于创新。

（一）促进区域人才高地人才资源增值

第一，重视现有人力资源的开发和利用。重用有真才实学的各类人才，对贡

献突出的实行重奖；鼓励企业家大胆干事业，将其收入与经济效益挂钩。鼓励科技人员广泛兴办技术咨询、服务、开发及入股事业，创办各种科技经贸实体。采取重大政策和措施，着力改善知识分子的工作、生活条件。

第二，建立充分发挥现有人才潜力的机制。加强未来人才的培养和现有人才素质的提高，引进适用人才，形成一支具有现代科学文化知识，善于按市场规律决策、管理、运作的经营人才和优秀的科技人才队伍；培育一支在心理、道德方面素质都很高的人才队伍。

第三，建立现有人才潜力的挖掘机制。首先，改革人才使用、调配、晋级、奖励、考核等制度，使人尽其才、才尽其用，激励优秀人才脱颖而出。其次，完善人才交流办法及就业、辞职、劳动纠纷仲裁等政策，实现人才合理流动。制订合理办法引导科技人员到新办企业、乡镇企业、区街企业和农村建功立业。最后，实行人才资源等无形资产的保值、增值目标。推动厂长、经理通过加强职工培训，积极选拔、广泛吸纳引进等办法，使职工队伍的结构合理，相对稳定，素质不断提高。

（二）调整与优化人力资源的配置结构

根据推进经济结构战略性调整的要求，要以调整和优化人才结构为主线，运用政策引导、规划制订、人才预测、转岗培训、定向培养、市场调节等多种形式。充分发挥人事工作的职能，积极推动人才资源重组，使人才在产业、行业及专业分布等方面更趋科学、合理。

第一产业要在充实和稳定人才队伍的基础上，大力扶持畜牧、水利、农林系统以及高新农业对高素质专业人才的培养和引进。对于有能力推动精品、生态、旅游、观光、节水等现代农业发展的高级农业技术人才，要加大培养力度。对扎根于农业第一线的专门实用人才和乡土人才还应进行针对性培养，形成以农业科技人才为骨干，以实用人才、乡土人才为主体的农业、农村人才队伍，为实现区域农业现代化服务。

第二产业一方面通过竞争择优、调整重组、定向培养等方式，改善优化产业内部人才的构成；另一方面通过政策扶持、开辟就业渠道、创办领办新的企业实体、转岗培训等方式，调整引导富余人才进入第三产业。围绕区域建设目标，研究制订高新技术人才培养与引进计划，将培养与引进现代微电子与电子信息技术、新能源和高效节能技术、装备制造、新型与精细化工技术、生物技术、环境保护和生态技术等领域或专业的人才作为重点。企业自身应根据事业发展需要，研究制订具体培养引进高新技术人才的措施，在经费安排、设备配置、成果转化、培养深造等方面给予大力支持。

第三产业要大量开发、培养与引进科技、文化、教育、环保、卫生、社会服务、城市管理等方面的各类人才。如在商业、服务业领域，要大量吸收从其他领域转移的人才，开发、培养与引进精通市场营销和国际贸易规范的高级人才，推动商业、社会服务事业兴旺繁荣；在科研领域，重点培养具有较强研发能力、掌握科技前沿技术的人才，积极推动科技开发人才向企业转移，壮大企业研发人才力量；在教育领域，建立优化教师队伍的机制，加强师资队伍建设，从政策上保障高校对"特聘教授"和急需人才的引进；在医疗卫生领域，进一步挖掘人才潜力，引导一部分人才充实基层医疗卫生队伍，发展社区医疗事业，同时积极培养和引进急需的高层次优秀专业人才，提高医疗卫生服务水平。为改善区域环境质量，发展城市交通，促进文化、旅游等事业健康发展，要加紧培养更多懂得区域规划、环境保护、交通管理等方面的高级人才，还应不断发展壮大新闻出版、文学艺术、旅游服务的专门人才队伍。

（三）健全特色的收入分配与激励机制

研究制订知识、技术、管理等要素参与分配的制度和形式，积极探索和推行按劳分配与按生产要素分配相结合的分配方式。加快建立重实绩、重贡献、以业绩为取向的有利于留住人才、吸引人才的收入分配机制和激励机制。逐步实行一流人才、一流业绩、一流报酬，充分体现创造劳动的价值。为了调动人才的积极性和创造性，必须继续深化收入分配制度改革，完善机关、事业单位工资增长机制，保持每年扣除物价上涨因素后，增长幅度不低于5%。结合住房、养老、医疗、保险等制度的改革，逐步将机关、事业单位福利分配货币化、工资化，稳步提高专业技术人员、公务员工资水平。完善现行的工资总量控制办法。经费完全自理的事业单位，可自主决定本单位的分配方式。对事业单位工作人员建立向重点、关键岗位及优秀人才倾斜的分配激励机制，推行按岗位定酬、按任务定酬、按业绩定酬，建立不同序列的岗位工资制度，激发各类人才的积极性和创造性。企业要继续探索领导者年薪制，将管理者收入与经营业绩挂钩，使经营管理者能够得到与其责任和贡献相符的报酬。研究制订专业技术人员、管理人员收入与工作业绩和创造效益挂钩的办法。健全奖励机制，改革津贴发放办法，对取得重大科技发明和科技成果的杰出人才实行重奖、特奖。

（四）加快人才资源管理的信息化建设

人事行政管理要加快运用数字化、网络化技术，用人事管理信息化推进人事管理向高水平发展。抓好人事信息基础设施建设，提高信息化装备水平和系统集成能力，完善网络化建设。积极开发人事工作服务软件，搞好网上开发应用。积极推进电子政务工作，逐步实现面向社会的行政审批、管理和服务业务网上进行。人事管理机关内部办公实现电子化和网络化，逐步在各级人事部门基本建成体系完整、结构合理、互联互通、高速宽带的电子政务网络系统。通过信息网络的建设和推进网上服务，为人事工作信息化提供高效、快速、安全的通道，使人事管理逐步纳入统一规范的信息化轨道。

（五）提升人力资源管理的法制化水平

在国家法律、法规的体系框架之下，根据依法治国、依法行政的原则，加快人事立法步伐，研究制订具有区域特点、符合区域实际需要的人事管理法规、规章制度，形成系统配套的法规体系。对涉及人事管理的地方性法规、政府规章制度、规范性文件等应该适时修改完善制订程序，做到有法可依。要宣传、普及人事法规知识，增强人事法制观念，加大人事法规执法力度，建立健全依法决策制度和违法决策责任追究制度；全面实行人事行政执法责任制。实行行政执法人员资格管理制度，整顿行政执法队伍，建立行政执法岗位竞争上岗和淘汰机制。全面实施政务公开，建立人事法制监督机制和社会评议制度，保障人事法规的正确实施。建立完善人事行政复议制度、国家公务员申诉控告制度、人事争议仲裁等项制度，依法行政，提高人事管理的法制化水平。

第六章 人才培养助力区域经济可持续发展的实践案例

第一节 助力区域经济可持续发展的物流人才培养

随着我国经济的不断发展，人民对物质文化的需求不断增长，其中，物流业作为向一、二、三产业的实物生产和服务生产提供服务的产业，其发展势头不容小觑，对物流行业的人才需求也急剧增加。可以预见，未来物流业将成为区域经济发展中的主导产业之一，而物流人才是促进物流行业发展的关键。近些年来，区域经济的不断增长带来了市场环境的瞬息万变。传统的物流人才培养模式只注重基础而忽视实践，而物流企业恰恰需要实践技能较强的物流人才，这就导致物流人才实践技能低，不能满足岗位需求，也无法适应企业的快速发展。在这样一种情况下，培养适应企业发展要求，促进企业发展进而为区域经济可持续发展作出贡献的物流人才成为迫切需要。

物流业作为复合型产业，具有很强的带动效应，不仅涉及铁路、航空等交通运输业，还涉及包装、农业、工业、仓储等产业，现代物流业已经成为经济支柱产业之一，在区域经济发展中具有举足轻重的地位。对物流人才培养现状与问题的分析引发我们对如今物流人才培养模式的思考，随着互联网的发展以及智慧物流的普及，物流业对人才的要求越来越高，对人才的需求也从单一型人才向复合型人才转变。为了适应蓬勃发展的物流业对人才的需要，支撑现代物流业的发展，培养迎合物流市场需求、拥有较强综合素质、具备一定的实践技能的物流人才势在必行。具体而言，助力区域经济可持续发展的物流人才培养包括以下途径：

一、专业教育阶段的物流人才培养

第一,加强教师队伍建设,提高专业教学水平。首先,现代物流管理教师应采用新的教学模式,在物流管理教学过程中引入更有趣的课堂教学内容,以激发学生学习的积极性和主观能动性,从而加强师生之间学习知识的互动,最终提高教师的工作效率。其次,加大教师在校外教学和研讨会的培训力度,让新的现代物流管理专业教师得到有效的学习,并在实践中不断与他人交流,提高自身的教学水平。最后,定期进行学生—教师座谈会等,加强学生与教师之间的交流,学生明确教师的教学目的,教师了解学生的真正诉求。

第二,明确人才培养定位,创新就业指导方式。物流人才的培养应当与当地经济实际状况相结合,遵循经济发展规律,为区域经济发展提供人才支撑。高校应深入分析区域经济发展趋势,结合区域经济发展需要,明确物流人才培养定位,培养企业真正所需的能够将扎实的理论基础和一定的实践技能相结合的物流人才。此外,为了帮助毕业生更好的就业,学校也可以开展一系列就业实践活动,整合现有的就业信息服务平台,拓宽就业服务渠道,促进毕业生顺利就业。

第三,建立校企合作平台,促进理论实践融合。职业教育必须坚持校企合作,而实践教学又是合作的重中之重。随着互联网的发展,以往单一的人才培养模式已经不能满足需求,物流业早已成为复合型产业,因此企业所需的物流人才不仅要拥有理论知识,提前了解行业动态,还要掌握一定实践技能。学校与企业建立合作,有助于教师提高实践教学能力,学生在真实的项目活动中进行培训,可以增加实践经验,丰富理论知识,为将来走上工作岗位打下基础。

二、企业管理阶段的物流人才培养

第一,搭建校企沟通桥梁,发掘培养专业人才。企业与高校长期建立合作关系,互惠互利,一方面,建立校企培训平台,共同建设、共同享有和共同管理,培训平台不仅要满足学生和教师的学习和教学需求,而且要能够为企业转型升级和物流人才储备提供支持。学校和企业可以根据物流企业的实际业务运作过程,合作制定实践教学体系,开发项目课程,编写教材,促进产学深度融合,使培训平台与现代物流业的发展同步,培养符合企业需求的技术型人才。另一方面,企业的优秀物流人才可以作为兼职教师进入高校,提高企业对人才培养的参与程度，将培训平台建成企业人才储备基地、技术研发基地。

第二，加大人力投入资本，做好人才储备工作。人力资本开发是许多企业人力资源管理部门的日常工作。然而，由于开发成本高、人才产出率低，许多中小企业边缘化了这项重要工作，导致企业员工的综合素质低下，影响了公司的发展壮大。组织员工进行培训是企业进行人力资本开发的重要途径，员工培训的途径包含两种：一是内部培训，二是外部培训。内部培训成本相对较低，培训内容大多与公司实际情况相结合，有助于员工更清楚地了解企业现状；外部培训课程丰富多样，可以拓宽员工视野，激发员工创新思维，在工作中带来积极改变。将内训与外训相结合，可以培养出技能娴熟、思维灵活、知识丰富的复合型人才。同时，在人力资本开发过程中，要根据员工的综合能力建立人才梯队，做好人才储备工作，为企业的发展提供人才保障。

第三，提供良好工作平台，保障员工社会福利。在当前高度竞争的市场环境下，物流人才流失现象在许多物流企业中十分普遍，给企业造成了巨大的损失。造成人才流失的原因很多，例如福利待遇与工作内容不匹配、晋升渠道狭窄、被同行高薪挖走等。物流企业应当重视这些问题，改善员工福利，优化晋升渠道，从而降低员工辞职跳槽或被挖角的可能性，减少物流人才的流失。此外，企业要特别重视薪酬管理工作，提高企业基础薪资标准，员工同工同酬，按劳分配，解决员工日常生活需求，他们才会愿意留在公司为公司作出更多贡献。企业进行人力资源管理最重要的一项工作内容就是为了企业的发展留住人才，这是企业稳定发展的重要保证。

总而言之，区域经济的可持续发展带来了许多行业的兴起，加上互联网的应用，智慧物流时代悄然到来。传统的物流人才培养模式不仅无法满足现代物流的需求，甚至会阻碍智慧物流的发展，进而影响区域经济提升。人力资本是企业发展壮大的有力保证。因此，发掘、研究新的物流人才培养模式成为重中之重，它能够为物流企业发展提供人力支撑。现代物流业是区域经济可持续发展的重要支撑，培养物流人才要结合区域经济的实际状况，遵循经济规律，将物流人才培养与区域产业相互融合，用物流人才促进物流企业长足发展，进而带来区域经济的稳步提高。

第二节　助力区域经济可持续发展的电商人才培养

现阶段电商的飞速发展已经在一定程度上推动了社会经济的进一步发展，但是目前在电商人才培养方面还存在着诸多问题，无法实现为区域经济可持续发展提供相应的电商人才。助力区域经济可持续发展的电商人才培养可以从以下方面着手：

一、构建服务区域经济的电商人才培养模式

（一）创新服务区域经济的电商人才培养思路

"服务区域经济的电商人才培养首先要根据区域经济发展的特点以及对于电商人才的需求为出发点，进而开展电商人才培养的课程设置以及相关的教学模式，因此相关高职院校在进行电商人才培养的过程中应该进行人才培养思路的创新，使各个教学环节能够连成一个体系，真正做到学以致用。"[①]创新服务区域经济的电商人才培养思路包括：①分析区域经济产业实际情况：全面分析和梳理区域经济产业的经营发展状况，了解区域经济的整体环境和需求。②研究区域电商产业经营模式：详细分析区域内电商产业的各种经营模式，理解不同模式的运作方式和特点。③岗位技能分析：深入了解区域电商产业的各个主要岗位，对各个岗位的技能要求进行充分分析。④制定核心课程体系：根据对区域电商产业相关岗位的分析，制定电商人才培养的核心课程体系，确保课程内容切合实际需求。⑤确定教学内容：依据区域电商产业相关岗位的业务流程，确定电商人才培养的教学内容，使学生能够在学习过程中掌握实际操作技能。⑥引入企业项目：在教学过程中，结合区域企业的实际项目，使学生在学习专业基础知识的同时，能够接触和参与实际项目。⑦完善教学模式：根据发展的实际情况，不断完善电商人才培养的教学模式，确保教学内容和方法与时俱进。⑧提供实践平台：为学生提供良好的实践平台，实现边学边实践，在实践中巩固和完善所学知识。

[①] 赵振亚. 服务区域经济电商人才培养模式构建[J]. 中国商论，2020（5）：101.

（二）构建完善的电商创业项目孵化成长机制

前面已经提到电商产业在我国目前还有很大的发展空间，对于电商专业的学生完全可以通过专业的学习以及指导来完成自身的创业梦想，而高职院校的专业老师不仅要教会学生相关的基础知识，更应该引导学生建立创业梦想并努力去实现。因此，在进行电商人才培养模式的构建过程中，也应该把构建电商创业项目孵化成长机制作为重要的培养项目来完成。对于服务区域经济的电商人才培养模式肯定要以区域经济的特点为基础，所以在践行创业项目孵化成长机制的过程中，也要以服务区域经济为目的。因此可以在这个过程中，引入区域企业电商项目或者直接跟区域经济企业相互合作，来给电商人才培养制定一个创业项目。在创业项目确定以后，经过专业老师以及区域企业的相关导师的指导下，学生进行不同岗位角色的担任，来共同实现该项目的开发经营等环节。在实际的创业实战当中进行所学知识的运用，并可以根据区域经济的特点来逐渐地掌握相关的电商技能，从而使电商专业的学生实践能力以及个人素质都能得到很好的提高。与此同时，在专业老师和企业导师的指导下，学生明白在一个创业项目当中各个投资人的权利义务，以及整个创业团队的责任和义务，对于创业的基本流程以及需要注意的事项也都有了一定的了解，为他们在今后的创业奠定了良好的基础。

（三）努力加强电商专业师资队伍建设与完善

专业的师资队伍是提高高职院校电商人才培养质量的关键。目前电商的发展对于区域经济发展的影响作用越来越大，所以必须加强对相关高职院校电商专业师资队伍的建设，从而保障电商人才的培养能够满足区域经济的需求。在电商专业师资队伍建设方面可以从以下方面进行：①对于已经在职的电商专业教师应该加强其电商专业的基础内容培训，尤其是电商专业与其相关专业存在差异的部门更要进行深入学习和研究，从而提升电商人才培养的专业性；②加强电商专业老师实践能力，很多电商专业的老师并没有足够的实践经验，在进行相关内容的教学时多数还是纸上谈兵，并不能给学生一些经验性的指导，所以要在这方面加强建设，让教师能够定期进行企业项目实操培训，或者按照年度划分给专业老师指定相关的项目任务，从而提升教师队伍的实践经验；③提升教师队伍的服务区域经济意识，在服务区域经济电商人才培养中，老师的服务区域经济意识十分重要，只有具备这个意识才能在人才培养中根据区域经济特点以及需求来进行，才能让人才的培养符合市场的需求。

二、加强助力区域经济发展的产教融合建设

（一）深化校企合作，大力推动校企师资的结对

对于服务区域经济电商人才的培养过程中，相关高职院校不仅要对电商专业的学生进行充分的专业基础知识的教学，同时更要让学生的发展能够顺应区域经济的需求。所以必须加强相关高职院校和区域企业的有效合作，高职院校和企业进行充分的沟通，并针对电商人才培养的相关事宜达成共识并制订长期合作计划。企业可以根据现阶段各个岗位对于人才的需求与校方进行沟通并制定出完善的电商人才培养方案，对于一些电商发展的主要核心技能进行课程的开发，并共同研究确定教学内容以及教学的方式等。而且在教学过程中高职院校和企业都要充分地参与其中，不仅要进行有效的培养教学，同时也要针对教学的质量以及人才培养的效果制定有效的监督体系，通过不断地发现问题并进行相应的完善来优化电商人才培养的相关方案。另外，高职院校的专业教师以及企业导师双方也要进行培训对接，例如，企业的导师要定期地参与高职院校组织的教师培训，学习一些相关的专业知识以及教学方法，而高职院校的专业教师也要定期参与企业的相关技术以及理念的培训，这样可以更加深层地进行校企合作。

（二）建设电商生产性实训基地，培养优秀人才

通过有效地开展产教融合，高职院校可以充分地利用合作企业的相关资源，根据企业的电商岗位需求以及发展方向，建设一个既具备一定的模拟性，又具备足够的真实性的电商生产实训基地。在建设的过程中关于实训基地所需要的一切硬件设备以及基础的设施等，学校需要给予足够的资金以及人力方面的支持。对于实训基地的真实一面，例如，企业的文化以及工作的环境和氛围，需要合作企业给予足够的支持和指导。基地建成以后根据上面已经成立的校企师资结对来共同完成电商专业的学生，在电商生产实训基地的教学工作，以及学生完成各项企业项目的指导工作。由于该基地具备高度的职场工作环境和氛围，所以当学生进入该基地以后就会从内而外发生身份的转变，从一名学生变成了企业的一名员工，并能够在专业老师和企业导师的指导下，铭记企业文化遵守企业的相关制

度，认真负责地对待每一个企业的项目。对于他们学习以及实践方面都有很大的帮助，也能够有效地提高服务区域经济电商人才培养的质量。

第三节 助力区域经济可持续发展的商务英语人才培养

在世界经济日益全球化的趋势下，经济发展的动力来自区域经济的可持续发展。高校要结合区域经济可持续发展的需求，进行商务英语专业相关课程的开发和改革，进而培养助力区域经济可持续发展的商务英语人才。

一、商务英语人才培养与区域经济可持续发展的共系

区域经济是和地理位置相关的综合性的经济发展概念，它所反映的是在一定区域内的资源、资金、技术和政策等的开发利用情况。高职教育为区域经济发展提供人才支持。随着社会的发展，高职院校为区域经济的发展提供人才服务是趋势所向，这也是国家高职教育方针所强调的重点。区域经济发展的多元化趋势促使高职教育与区域经济发展之间的互动较之过去更加密切。高职教育的目标就是服务于区域经济，为加快区域经济社会结构调整、提高区域产业层次提供不可少的智力支持。

高等职业教育要想可持续发展，现阶段必须以区域经济发展为基础，并以此作为院校的培养目标、专业设置、课程体系、实习实训基地建设等的参照。从某种意义上而言，区域经济可持续发展的程度决定了高等职业教育的发展程度。高职所培养的主要是将来在生产、管理和服务第一线的高素质技术应用型人才，办学必须以此为出发点，办学目标与区域经济的发展相适应，在人才培养上紧密结合区域经济特点和人才市场需求，满足区域经济发展的要求，培养当地经济环境下企业所急需的应用性技能型人才。

随着经济全球化进程不断深入，无论大型三资企业，还是国营、民营中小企业都在不断开拓海外市场、参与国际商务活动，从事涉外经济贸易活动成为区域经济发展的主流。商务英语为国际经济之间的交流和合作提供了语言基础，商务英语专业人才是企业发展的需要，在区域经济可持续发展国际化进程中起着重要作用，成为影响涉外企业发展的关键因素。

二、助力区域经济可持续发展的商务英语人才培养策略

（一）整合教育与区域企业资源，积极开展校企合作

高职是为企业培养高技能应用型人才的，因而必须与企业全面接轨，加强和企业间的合作，积极建立校外实训基地，全方位实现学生的基本技能及实践能力的培养。通过校企合作，校企双方可以合作设置相关的专业课程，制定教学大纲，编写教学计划；院校可以根据市场需求及本区域经济发展趋势，及时调整专业设置、人才培养目标及培养方案等。高职商务英语专业要充分利用、优化配置教育资源和区域资源，促进与各大、中、小型涉外企业的交流、合作，从而做到可以及时了解本区域经济的现状和发展需求，有针对性地培养具备区域内涉外企业所需技能的商务英语专业人才。一方面，在教学实践过程中与企业紧密结合，可以增强学生在校英语学习的针对性和目的性，为学生提供更多的实践基地；另一方面，学校通过企业提供的实习岗位与实践机会，理论联系实际，在实践中检验学生的技术与能力，可以加强学生的英语知识在工作中实际运用的能力。

（二）推动商务英语专业课程与人才培养模式的改革

高职商务英语专业的就业目标以对外贸易企业为主要职业领域，为了使培养的人才具有国际商务活动操作能力，能更加适应未来行业的需求，人才培养课程体系的设置要随着国际商务活动的发展而发展，市场需求的变化而变化。要以就业为导向，紧扣一线岗位的实际需求，融入区域经济及产业链，调整专业方向。高职商务英语在改革课程体系过程中，必须以市场需求为前提，深入开展社会调查，了解学生未来的岗位对他们的知识能力要求，当前行业的人才结构变化，企业对人才的需求状况等。在对市场需求进行充分的调查研究的基础上，掌握因区域经济发展给商务英语专业人才需求带来的变化，认真分析区域产业现状及其发展趋势，按照区域企业的发展需要，结合区域经济特点，开展教育教学，培养企业所需的熟练掌握外语、精通商务知识的商务英语专业人才，更好地为区域经济的发展服务。课程设置上可根据外贸流程采用流程式结构设置课程，也可按照从基本素质课程到专业素质课程递进式的结构进行课程设置。同时，尽量设置更多实践操作性较强的课程，实现毕业生能力与行业需求零距离对接。

高职商务英语专业的人才培养目标为：培养适应社会和区域经济发展的实际需要，具有创新精神和较强实践能力、扎实的英语语言基础和较强的英语应用能力、熟悉商务操作技能、具备电子商务能力、懂得国际商务相关的基础理论和专业知识，拥有较高的职业综合素质，能在涉外企业从事外贸相关工作的高技能应用型人才。高职制定商务英语专业人才培养模式要考察地方产业结构，根据区域经济发展情况，产业结构的需求，重新构建符合市场需求的新型商务英语人才培养模式，以增强专业的针对性，打造专业差异化，提升专业竞争力；以"行业先导"为基础，基于"行业定位"培养立足于本区域企业，服务岗位第一线，能适应区域经济发展和全球经济一体化需求的高职商务英语专业人才。在培养商务英语专业人才时，除了考虑结合本地区域经济发展状况，教师还需与用人单位、外贸行业多接触，多了解，通过学习、顶岗等途径提升外贸行业知识，熟悉企业用人实际需求。教师除了要教授国际商务知识，还要在教学中注重培养学生的跨文化交际能力和商务沟通能力。

总而言之，商务英语专业发展的必然趋势就是将商务英语专业人才培养与服务区域经济可持续发展两者有效结合。商务英语课程体系的设计，人才培养模式的改革要和行业、区域经济发展状况相联系，服务当地区域经济的发展，培养符合当地经济建设急需的人才。

第四节 助力区域经济可持续发展的复合型会计人才培养

随着社会的不断发展，传统的财务会计已不能满足市场对人才的需求，"企业更需要能够高瞻远瞩，参与企业管理、跨学科培养的复合型会计人才，通过他们的知识和能力为企业创造利润，带动区域经济的可持续健康发展"[①]。会计行业发展与国家治理和企业管理密切相关，是影响区域经济可持续发展的重要因素。要想促进会计行业高质量发展，就离不开高端复合型会计人才，真正优秀的会计人才应具备现代化思想观念、多元知识结构、较强的业务处理能力和数字化技能，如此才能提高企业决策的科学合理性，助推区域资源优化配置及区域经济

---

① 顾达，李文卓．培养复合型会计人才，推动区域经济高质量增长[J]．经济研究参考，2018（64）：51．

秩序的稳定。高职院校作为会计人才培育的重要主体，应紧跟国家人才培育目标，培养具备独立获取知识、发现问题、分析问题和解决问题的高素质会计人才，塑造具备开拓创新精神、较高人文修养、健康体魄素质和良好职业品质的复合型会计人才，成为区域经济发展的倡导者、推动者和引领者。

一、区域经济可持续发展中复合型会计人才培养的作用

第一，有利于区域内企业决策制定的科学化。随着区域经济快速发展，会计人员的职能也在不断演变。未来，兼备财务知识与数字技术的复合型人才将成为企业不可或缺的瑰宝，更将成为企业数字化转型的引领者。所有数据都离不开财务分析，因此未来会计人员将成为企业重要的分析师，通过数据描绘企业经营状况，通过挖掘、收集、整理、分析数据，发现背后隐藏的价值，用数据来支持决策。会计人员不仅要关注企业内部数据，更要实时掌握竞争对手状况，深入了解行业现状及区域经济、宏观经济发展走势，对整个产业链有足够的洞察力。总而言之，企业决策者制定各项决策之前，需要对会计师提供的金融数据及分析结果进行深入解读，然后根据行业动向及现代企业制度拟定战略决策。会计行业的各项数据对战略决策存在正向影响，而且高素质的会计人才能够及时洞察企业的利润增长区间，带动企业整体收益的稳步增长。特别是高级财务分析师或是财务官，在挖掘潜在金融风险、带动企业经济结构升级、完善绩效管理体系等方面发挥着重要作用。

第二，有利于区域资源优化配置。会计人才可以提升企业资源配置效率，制定反映区域经济发展的企业财务管理体系。立足战略发展层面对会计信息予以归纳整理后，围绕数据层面，引导地方机构运用科学手段实现对市场流动资源的合理分配。同时，会计人员也能够立足微观视角，深层次剖析宏观政策下的区域经济微观发展动态，全方位剖析企业经济行为与区域发展之间的关联性，为企业宏观政策的拟定与战略调整提供参考依据。

第三，有利于区域经济秩序的维护。会计人才涵盖了审计、注册会计师等从事会计相关工作的人员，是维系经营者与投资者关系及债权债务关系的重要桥梁。工作人员借助对企业金融数据的审查，能够及时发现账目的不合理之处，实现对企业不当经营的有效管制或约束，确保企业的各项经营数据更加贴合实际。不仅如此，将会计监督工作贯穿于企业经营的各个环节，能够及时洞察企业发展

中的潜在危险并进行有效处理，实现对各类风险的科学防控。此外，充分发挥会计人员在经济领域的监管职能，能够保障区域经济持久、稳定运行，进而带动区域经济的全面发展。

二、区域经济可持续发展中复合型会计人才需具备的技能

复合型会计人才对于实现区域经济战略可持续发展有着至关重要的作用。在国际化发展的大趋势下，为迎合区域经济的多元化发展，对复合型会计人才的专业技能提出了更高要求，不仅需要会计人才具备较高的综合业务技能，同时要求其熟练掌握会计信息化技术。

第一，业务处理能力。对于一名会计人员而言，除了要具备扎实的理论基础，还要具备较高的业务处理能力。这里所说的理论基础，是指全面掌握国内会计领域的相关理论及应用技巧，可以灵活应对业务发展中遇到的各类问题。不仅如此，作为会计领域的业务专家，更要学习并掌握国外的优秀理论及经验。此外，会计人员在应对各类业务问题时，要遵循区域经济发展规律，了解区域经济政策、制度，以确保会计业务处理与区域经济发展的协同性，这样才能更好地发挥会计人才助推区域经济发展的作用。

第二，多元化知识能力。区域经济发展涉及诸多领域内容，需要会计专业人才具备多元化知识结构，以更好地应对区域经济发展的复杂化、多元化发展需求。尤其是在经济全球化背景下，伴随会计行业的深层次改革，业务模式趋于复杂。因此，会计从业人员既要掌握本领域内的相关理论，又要对会计行业的边缘学科有一定了解。同时，会计人员要做好新旧知识点的有效衔接，熟知会计的发展历程，明确不同情形下会计核算、会计管理的应用差异。此外，在区域经济发展下，会计从业人员还应具备一定的经济知识、管理知识，只有具备多元化知识结构，才能为区域经济发展贡献力量。

第三，数字化能力。云计算、移动互联网、区块链等数字技术进一步渗透到会计工作中，会计人员必须保持技术敏感性和学习热情，及时把握新技术动向，探索新技术在会计工作中的应用，不断增强技术适应能力。数字化在会计领域的作用已经不容忽视，在进行数据审核与校对时，均离不开各类会计数字化信息技术的支撑。为保障处理工作的有序进行，学习并掌握各类会计软件的应用技巧显得尤为必要。总而言之，数字经济时代对会计专业提出了全方位的新要求，为适

应区域经济发展需求，会计人才需要转变观念，加强数据分析、技术应用、风控管理、沟通协作、创新思维等能力，成为高素质的复合型会计人才。高职院校会计专业也需要进行深刻改革，打造符合数字经济需求的复合型、应用型、创新型会计人才。

三、助力区域经济可持续发展的复合型会计人才培养策略

（一）确立复合型会计人才的科学化培养体系

区域经济增速要想从根源上获得突破，就要从多元角度着手培养复合型人才：①培养方向。高职院校在拟定专项培养计划阶段，可以根据区域经济发展需求，制订复合型会计人才培养计划，以培养符合区域经济发展的高素质会计人才。一方面，根据市场需求制定复合型会计人才培养目标；另一方面，统筹区域经济现实发展需求及未来发展趋势，并以此作为会计人才培养的依据。②培养准则。制订复合型会计人才培养计划时，高职院校要立足区域经济发展，提高该计划的针对性及有效性，促使会计人才的综合技能得以提升，以更好应对不同背景下的区域经济发展需求。③培养导向。首先，健全培养体系。以提升职业素养、创新能力为重点，完善会计专业技术资格考试和职称评审、注册会计师考试、继续教育、学历教育等；优化会计人员教育培养布局结构，基本形成各级财政部门、用人单位、高校和科研院所、行业协会等共同参与的开放的、协调的、联动的会计人员终身学习教育培训体系，不断提高会计人才队伍的能力素质和整体水平，推动各级各类会计人才认真履行岗位职责，规范执行财经法规，有效维护社会主义市场经济秩序。其次，优化人才使用机制。加强与组织部门、人才主管部门、用人单位的联动，推动复合型会计人才信息整合、数据共享，积极为复合型会计人才拓宽视野和实现价值提供机会、条件和平台，促进复合型会计人才资源的优化配置，充分发挥复合型会计人才在经济业务、经营活动、监督管理等业务关口的价值。

（二）构建复合型会计人才的数字化培养模式

以互联网、大数据、人工智能、云计算、区块链等为代表的数字技术应用促使会计工作发生了变化。会计的职能范围拓展到价值管理、资本运营、风险管

控、战略决策等。未来需要更多能够将业务信息和会计核算相结合，针对区域经济发展需求，运用财务数据进行深度分析，以服务企业的管理和决策，构建区域数字化发展需求的复合型会计人才。

第一，构建数字化会计专业课程体系。为满足区域经济数字化发展需求，高职院校会计、财管专业在培养方案中重视增加与战略管理和信息系统相关的课程，依据数字环境下会计人员面对的不同商业决策场景，设置模块化的专业方向课程。形成以信息系统为支持、以会计专业课程为核心的课程体系，实现智能化应用和专业课程教学的有机融合。例如，在智能会计方向开设"SQL数据库基础""会计信息系统""大数据财务分析""财务机器人"等课程，不断提升学生的人工智能应用水平和大数据处理能力。在财务管理、管理会计方向增加"财务共享服务""ERP财务管理"等智能化技术与会计专业知识融合应用的课程，提高学生解决复杂问题的能力。在审计、税务会计方向，设置"大数据审计"与"智能财税风险管控"课程，提升会计、财管学生在审计、财税方面的应用能力与风险管控意识。

第二，搭建数字化教学平台。首先，创新数字化教学模式。为有效培养和提升学生的信息分析能力，高职院校会计专业应积极构建数字化精品课程、数字化会计教材、数字化会计案例、课程思政案例、数字化会计场景、课程思政场景、实践平台、实践基地等，构建多资源协同育人模式。打造智能化实验教学新模式，不断激发学生的兴趣，提升学生的学习积极性，全面提升学生的综合专业能力，有效推进智能化教学改革教学方法的应用与创新。其次，构建智能化实验教学平台。高职院校会计专业可以积极构建审计模拟实验室、智能财务实验室、跨专业综合实验室及现代化管理综合实验教学中心，打造完善的实践教学平台及网络教学平台，为会计人才培养提供实践教学条件。例如，在实验中心构建过程中，可以设立包括模拟政务服务中心、数字化传输实验室、跨专业综合模拟实验室、电算化会计模拟实验室、审计模拟实验室、ERP实验室等多元化实验室，以满足区域经济下复合型会计人才的培育需求。此外，通过将专业知识和商业实践场景进行融合，实现智慧的"教"和"学"，不断提高学生理论联系实际解决复杂问题的能力。

总而言之，近年来区域经济呈稳步发展态势，对会计领域的复合型人才要求更为苛刻。高职院校应当做好对地方权威企业的市场考察，加强与权威机构的交流，提高培养计划、培养目标及培养模式的灵活性，促使复合型会计人才的培养质量获得实质性提升，以迎合不同政策下区域经济发展的需要。

（三）拓展复合型会计人才的多样化培养路径

第一，完善课程设置。首先，课程内容方面。培养会计人才应重视并做好课程的设置完善工作，立足学生未来发展实际，将会计工作涉及的软件应用、税务审核等内容纳入学科体系。根据市场对计算机人才需求差异调整相关课程，将其转变为与市场发展相匹配的软件课程。不仅如此，还要重视对税务、财务、贸易等软件应用教程的制定，逐步将其打造成内容更加完善的专业基础课，凸显课程设置的侧重点及实用性。其次，课时方面。基于实操技能的掌握并非短时间内能够完成，为此可适当增加训练时间；针对那些实操难度大或是专业性强的技能，可同地方知名企业构建人才供应机制，提高训练的深度与广度，确保各项技能的培训能够迎合企业所需。

第二，优化师资队伍。为提高人才培养质量，高职院校除了需要建立一支高素质、高水平的师资团队，也可聘请业内专家来校指导及授课，确保课程教学的有效性。借助该模式，可以同地方机构建立长期合作，以便学生对当下企业的人才需求有清晰的认知。在此基础上，高职院校应当整合校内外的可利用资源，结合其他专业课程的特点进行专项设置，对教师资源进行合理调配，逐步实现课程内容的多样性及系统性。

第三，探索多元教学渠道。首先，高职院校需要在已有的技能训练课上进行内容延伸，丰富教学模式或手段。借鉴情景式教学、翻转式课堂及实操平台等手段，削弱学生对此类课程的抵触心理，让实操课程更为直观和形象。教师不仅要引导学生强化对理论知识的学习，同时还要鼓励学生团结合作，提高学生的口语表达及人际交往能力。其次，针对区域经济当下改革趋势及发展背景，引导学生根据自身实际灵活选择就业机构。例如，学生在择业过程中需要统筹兼顾个性化发展及企业长远发展。借助该模式，可以有效提升在校生的就业率，也可让学生及时规避择业误区。

第四，高职院校要以企业会计人才需求为导向制定教学培育策略。同时，结合目前行业发展趋势，借助科学化的课程体系，拟定同企业发展相匹配的培养方案。

参考文献

[1] 陈兵，裴馨.数字经济发展影响产业结构升级的作用机制研究——基于区域异质性视角的分析[J].价格理论与实践，2021（4）：141—144，171.

[2] 陈栋生，区域经济学[M].郑州：河南人民出版社，1993.

[3] 陈正权，朱德全.应用型人才培养与区域经济联动发展的体制路径构建[J].职业技术教育，2016，37（28）：33—38.

[4] 丁生喜.区域经济学通论[M].北京：中国经济出版社，2018.

[5] 杜志强.基于区域经济发展需求的复合型会计人才培养路径[J].活力，2024，42（4）：187—189.

[6] 方大春.区域经济学：理论与方法[M].上海：上海财经大学出版社，2017.

[7] 顾达，李文卓.培养复合型会计人才，推动区域经济高质量增长[J].经济研究参考，2018（64）：51.

[8] 郝寿义，安虎森.区域经济学（第2版）[M].北京：经济科学出版社，2004.

[9] 郝寿义，安虎森.区域经济学[M].北京：经济科学出版社，1999.

[10] 贺凌霄，李动.产教融合与校企合作人才培养运行模式探究[J].职业，2021，（6）：32.

[11] 黄亮雄，王贤彬，刘淑琳，等.中国产业结构调整的区域互动——横向省际竞争和纵向地方跟进[J].中国工业经济，2015（8）：82—97.

[12] 黄美婷.基于时空地理加权回归模型的区域经济发展收敛性研究[J].产业创新研究，2024（5）：13—15.

[13] 李本义.通识教育导论[M].武汉：长江出版社，2017：20.

[14] 李方一，刘思佳，程莹，等.出口增加值对中国区域产业结构高度化的影响[J].地理科学，2017，37（1）：37—45.

[15] 李研.行业收入差距、产业结构升级与区域产业定位[J].山西财经大学学报，2021，43（1）：27—41.

[16] 孟续铎，莫荣，徐彦红.我国产业结构调整和区域转移对就业的影响[J].中国劳动关系学院学报，2017，31（5）：7—15.

[17] 潘成胜，赵兴元，王洪斌.人才高地战略与区域经济创新发展[M].沈阳：东北大学出版社，2015.

[18] 齐亚伟，张荣真.工业化进程中信息产业与区域产业结构优化的关联分析[J].统计与决策，2015（24）：148—151.

[19] 沈陆娟.高职教育与区域产业结构的互动研究[J].职教论坛，2010，（27）：11.

[20] 施莉.产业结构视角下区域互联网经济形态发展研究[J].技术经济与管理研究，2016（11）：115—119.

[21] 舒涛，陈二阳，赵永鑫.科技档案对成都区域产业经济发展助推作用研究[J].西南民族大学学报（人文社会科学版），2015（9）：232—234.

[22] 孙久文.区域经济学[M].北京：中国人民大学出版社，2006.

[23] 孙勋成，沈英，于玲玲，等.面向区域经济应用型人才培养模式研究与探索[J].价值工程，2014，33（17）：261—262.

[24] 孙跃.应用型人才培养体系建构研究[M].武汉：华中科技大学出版社，2021.

[25] 王腾飞.区域经济发展的知识动力及其多区位机制[J].地理科学进展，2023，42（4）：782—795.

[26] 魏后凯.现代区域经济学[M].北京：经济管理出版社，2006.

[27] 魏振东.产教融合背景下高职院校人才培养模式创新研究[D].昆明：云南大学，2019：16.

[28] 吴传清.区域经济学原理[M].武汉：武汉大学出版社，2008.

[29] 吴宏丹.高校创新人才培养探讨[J].合作经济与科技，2023（17）：84.

[30] 谢剑虹.职业院校校企合作研究的理论与实践[M].长沙：湖南人民出版社，2017.

[31] 姚正海，杨保华，叶青.基于区域产业转型升级的创新人才培养问题研究[J].经济问题，2013（10）：87.

[32] 余长林，马青山.特高压输电与区域经济发展——来自特高压工程的经验证据[J].数量经济技术经济研究，2023，40（10）：202—224.

[33] 张江石,冒香凝,郁研,等.基于产业结构视角的区域生产安全异质性分析[J].中国安全科学学报,2023,33(4):29—35.

[34] 赵振亚.服务区域经济电商人才培养模式构建[J].中国商论,2020(5):101.

[35] 钟章奇,何凌云.演化经济视角下技术创新扩散驱动的区域产业结构演化:一个新的理论分析框架[J].经济问题探索,2020(4):161—172.

[36] 周恩毅,刘春雨.区域经济发展中物流人才培养策略分析研究[J].物流工程与管理,2022,44(2):174—176.

[37] 周化.服务于区域经济的高职商务英语人才培养探究[J].湖北成人教育学院学报,2017,23(2):39—41.